3分

「顔《がん》筋《きん》はがし」で シミ・毛穴・ほうれい線は消せる！

筋膜美容協会 理事長
那賀 洋子

PHP

「顔筋《がんきん》はがし」で
こんな悩みが解消！

目尻のシワ、
ほうれい線が気になる。
肌のハリもなくなってきた
気がする。

シミ、目の下のクマや
くすみが気になる。
ファンデーションの
トーンが暗くなった。

まぶたが下がってきた。
頬のたるみ、マリオネットラインが
気になる。

眉の高さ、
目の大きさ、
口角の高さ……
左右の顔の
バランスが崩れている。

エラの張った輪郭《りんかく》、
二重あごが気になる。

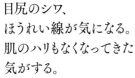

着込んでも
体の芯から冷える感じがする。

髪が細く、
少なくなった。

歯ぐきが弱ってきて、
硬いものを
食べるのがおっくう。

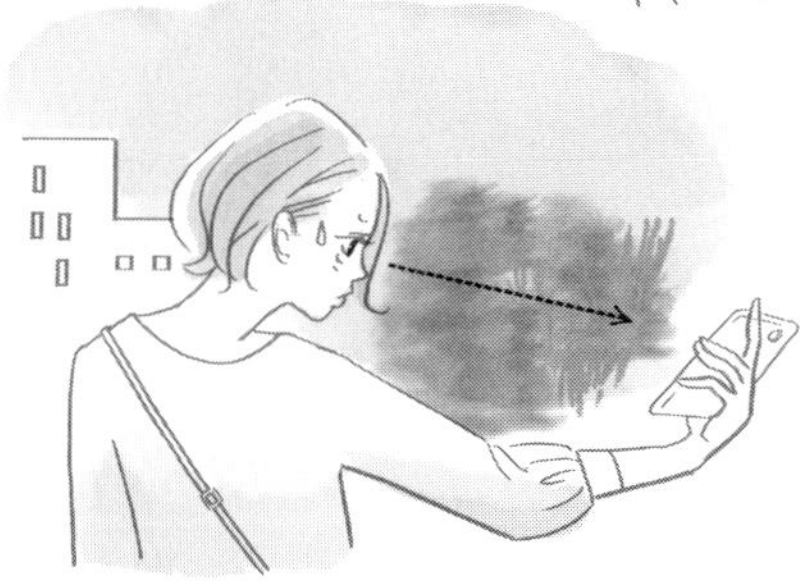

新聞やスマートフォンの文字が
離さないと読めない。
耳も遠くなった気がする。

肩や首が
凝っている。

自律神経が乱れているのか、
日常的にだるさやイライラがある。

◇はじめに

肌は、年とともに衰えるもの――。

40代、50代、60代……と年を重ねながら、しぶしぶこの常識を受け容れようとしている女性の皆さん。

私の肌は、その常識の逆を行きました。

私は30代のとき、深刻な「老け肌」でした。

乾燥とシワ、シミ、くすみ、ボツボツの毛穴……。

32歳の時点で、私の肌年齢は「70歳」でした。

それから19年。51歳になった今の肌はというと――「29歳」です。

現在、毎日ノーファンデで暮らしています。メイクは目と眉だけ、日焼け止めさえ塗っていません。

それでも、「肌の透明感、すごいですね！」と驚かれます。

嘘のような話ですが、紛れもない実体験です。

そして私だけでなく、皆さん一人ひとりに、この「奇跡」は起こりうるのです。


その方法こそが「顔筋はがし」。

私は東京・赤坂にある「美ｆａｃｅジム®」というサロンで、このメソッドに基づいた施術に携わっています。

「ジム」という名称には、ワケがあります。

「顔筋はがし」とは、硬くこわばった顔の「筋膜《きんまく》」を引きはがす――肌を「運動させる」ことを意味します。これにより、肌が本来備えている自己回復力が目覚めます。

スキンケアでも、メイクでも、整形手術でさえ叶《かな》えられないこと――「肌自身に元気になってもらう」ことで、誰もが、キレイな肌を取り戻せるのです。

私のサロンにいらした多くの方が、15年前、20年前の肌を取り戻しました。

「肌がツヤツヤ！」「ハリが出てる！」「あのシワ、どこにいったの？」と感激されるお客様を見ていて、もっとたくさんの方にこの喜びを味わってもらいたい、と考えました。


肌に悩みを抱えるすべての女性に——とりわけ、50代以降の中高年の方々に、顔筋はがしのテクニックをぜひ知っていただきたいと思っています。


年を重ねると、キレイの決め手は「顔立ち」ではなく「肌」です。

「キレイなおばあさん」という印象を与える人はたいてい、顔が整っているというより、肌の美しさが際立っているものです。

その美しさは、持って生まれた顔と関係なく、誰もが手に入れられるものです。

「もう年だから」とあきらめるなんてもったいない。

皆さんのキレイの「新章」はここからです。

世の常識をくつがえすメソッドで、活力にあふれた日々の扉を開きましょう！

『朝・夜3分「顔筋はがし」でシミ・毛穴・ほうれい線は消せる！』 もくじ

PART 1 人の印象は顔で決まる！

PART 3

効果を高める生活習慣

PART 1

人の印象は顔で決まる!

「年齢なりの美しさ」で、本当に満足ですか？

◆50代、60代……年齢を重ねるほど若さが際立つ！

人には多かれ少なかれ、「年をとりたくない」という気持ちがあるもの。

ところが、私が運営している「美ｆａｃｅジム®」にいらっしゃる方々の多くは、「もっと年をとりたい！」とおっしゃいます。

私自身も51歳ですが、早く60代になってみたいと思っています。

どうしてだと思いますか？

年をとっても、肌が衰えないからです。実際の年齢が上がれば上がるほど、肌年齢との差が際立つからです。

それが、「顔筋はがし」がもたらす奇跡です。

よく、「シワやシミが増えてもいい、その年齢なりの美しさがあるはずだから」

と言う方がいますね。

それももちろん、否定はしません。

笑いジワがチャーミングだったり、年輪を感じさせる表情が味わい深かったり。

そんな魅力のある方が、世の中にはたくさんいらっしゃいます。

でも……もしあなたが、「その年齢ならではの肌」と「本当に若い肌」のどちらかを選んでください、と言われたらどうしますか？

50歳、60歳、70歳の肌を選ぶでしょうか。

「そりゃ、できれば若い肌のほうが」と思われるのではないでしょうか。

その若さ、手に入ります。

「顔筋はがし」で肌を動かせば、肌がみずから、若さを取り戻す力を備えます。

ファンデーションやコンシーラーで、シミやシワを消してきた手間が解消します。スキンケア用品を順番に塗る面倒くささからも解放されます。

ありのままの状態でキレイな肌、健康な肌。

どんなメカニズムでそれが叶うのかを、お話ししていきましょう。

「顔筋はがし」は肌のリハビリ

◆シミ、シワ、たるみ……肌の悩みは、すべてつながっている

皆さんの肌のお悩みは、何ですか？

ハリがなくなった、シミが濃くなってきた、目尻のシワやほうれい線が目立ってきた、肌色がくすんでいる……人それぞれ、様々な悩みがあるでしょう。

その悩みをピンポイントで解決するスキンケア用品を常備している方もいらっしゃると思います。シミ用の美容液、シワ用のクリームなど。

しかし実際のところ、皆さんのお悩みは「一つだけ」ではないはずです。

ハリと透明感があり、毛穴も見えず、クマもないのに、「ほうれい線だけくっきり」という肌はありえません。

なぜなら、肌の衰えの兆候は色々あっても、原因は一つだからです。

このたった一つの原因を取り除けば、悩みをピンポイントで解決するためのいくつものケア用品を買う必要はなくなります。

その原因はズバリ、肌の「運動不足」。

肌は、動かしていないと衰えます。

そう、体と同じです。体は運動不足だと、脂肪がつきやすくなり、生活習慣病のリスクも増えますね。それを予防すべくトレーニングに励む方も多いのではないでしょうか。

肌も、しっかり動かせば健康になります。まず健康が戻ってきて、その結果としてキレイになります。

「顔筋はがし」は、肌のリハビリです。

長らく動かしてこなかったせいで顔筋は硬くこわばっています。年齢が高いほど、動かなかった年数も長く、手ごわいこわばりになります。

しかし言い換えれば、それは「伸びしろが多い」ということです。30代や40代より、効果は劇的。若い人では味わえない感激を味わえます。

スキンケアが肌を危険にさらす⁉

◆塗り重ねるたび、化学物質が肌に溜まる

スキンケアの必要がなくなるメリットは、「手間が省ける」だけではありません。肌へのリスクも、ぐっと軽減します。

丁寧すぎるスキンケアは、かえって肌に負担を与えるのです。

私は実体験を通して、それを知りました。32歳の頃の私の肌年齢は、70歳。くすみと乾燥と毛穴の目立つ肌でした。

当時すでに、クレンジング→洗顔→化粧水→乳液という、ごく一般的なスキンケアは行なっていましたが、これでは全然足りない、と思っていました。

「もっと手厚くケアしなくては！」と焦り、高額な美容液やクリームをいくつも購入し、顔に塗り重ねました。

ところが、肌はますます無残な状態に。娘が描いた「お母さんの似顔絵」には、涙型の垂れ下がった毛穴が描き込まれる始末。

「どうして、こんなことになるの⁉」

考えた私は、スキンケア用品や化粧品について研究をはじめました。

そこで気づいたのは、スキンケア用品にはいくつもの化学物質が入っているということ。

保存料・着色料・香料などに含まれるこれらの物質は、皮膚の内部に入ります。この「経《けい》皮《ひ》吸《きゅう》収《しゅう》」がクセモノなのです。

口から摂取した化学物質は体内で解毒され、約90％が体外に排出されます。経皮吸収はその逆。入り込んだ物質の約90％が、皮膚の下に残ります。

それを知り、スキンケア用品の使用をいったんストップ。ヨーグルトや卵白など自然のものを使った、シンプルなケアに替えました。

すると、すぐに効果が表れました。

「肌にいい」とされる製品の多くが、肌を傷めている。女性の多くが「ケア」だと思っていることに、リスクが隠れているのです。

あなたの肌を「呼吸」させてあげよう

◆うるおい美肌を取り戻す「しいたけの法則」とは？

スキンケア用品や化粧品のリスク要因は化学物質だけではありません。「油」もまたクセモノです。化粧水の上から塗り重ねるオイルやクリーム、メイクに使うファンデーションにも油が入っています。

この油は、本来なら必要ありません。人間の顔には無数の汗腺《かんせん》・皮脂腺《ひしせん》があり、汗腺から出る汗と皮脂腺から出る皮脂が混ざった「皮脂膜」が、顔を保護するからです。

一方、「年とともに皮脂の分泌量は減る」と言われますね。実際にそれを実感する人も多いでしょう。乾燥やくすみが気になりだして、それをフォローするためにオイルを塗るわけです。

しかし油は、皮脂と違って、表皮の上で酸化します。これが、くすみを招く原因の一つです。

加えて、油でおおわれると「皮膚呼吸」ができません。皮膚呼吸とは、汗や皮脂を出すときだけ開いて、必要ないときは閉じる毛穴の作用。これを封じられると毛穴の機能が落ち、開きっぱなしになります。

「でも少なくとも、うるおいは保てるでしょう?」と思われたでしょうか。

ここでお教えしたいのが、「しいたけの法則」です。

乾燥しいたけをサッと水にくぐらせたあとに油を塗って、ツヤツヤ・プルプルになるでしょうか? なりませんね。ヌルヌルになるだけです。

乾燥した年齢肌も同じ。化粧水でわずかに濡らした上を油でおおっても、うるおいは出ません。ヌルヌル感を、うるおいだと誤解しているのです。

では、乾燥しいたけを本当にプルプルにするにはどうしますか?

そう、水を吸わせますね。肌も、内側を水分たっぷりにするのが正解。

と言っても、肌をしいたけのように水に浸すわけにはいきません。

ではどうするのか? ――ここからは、そのメカニズムを説明しましょう。

美肌の秘訣は「筋膜」にあり

◆顔は運動不足状態

　ここまでの話からおわかりの通り、私はスキンケア用品や化粧品の使用は少ないほうがよい、と考えています。

　２００９年のサロン開設当初は、塗り重ねをリセットし、シンプルなスキンケアに切り替える「マイナスケア」をアドバイスの中心軸にしていました。

　しかし肌に関する研究を深めるにつれ、さらに一歩踏み込むことが必要だという考えに至りました。

　悪い成分を入れない「守りのケア」だけでなく、これまで経皮吸収された悪い成分を出すことが必要ではないか、と。

　そこで着目したのが「筋膜」です。

筋膜とは、筋肉・内臓・血管など体のあらゆる部位を包む薄い膜。筋肉や臓器があるべき位置に保たれているのは筋膜のおかげ。そのため「第二の骨格」という別名も持っています。

筋膜は、コラーゲンとエラスチンが絡み合うネット状の物質で、その網目の間に、液状の「細胞間基質《さいぼうかんきしつ》」が満ちています。

ところが、常時動かしていないと、筋膜の伸縮性は失われます。うるおいと柔軟性を失って固形化した筋膜が内部組織とくっついてしまうことを「癒着」と言います。そこに、老廃物がどんどん蓄積されていきます。

年齢を重ねた顔の肌に起こっているのは、まさにこの現象です。運動不足による筋膜のこわばりと癒着、そこへ塗り込む様々な成分。それが肌を衰えさせているのです。

ならば、この癒着をはがすことが何よりの解決策。固まった筋膜の圧迫を取り除き、その下にある組織を再び機能させよう――。

これが、年齢肌の時計を逆にまわす「攻めのケア」のスタートとなりました。

「ゴミ溜まり」を流せば、肌は若返る

◆乾燥・シミ・シワ・くすみの原因は老廃物だった！

癒着をはがすと、いったん老化した肌も若返ります。

水に浸した乾燥しいたけのように、うるおいを取り戻すのです。

世の常識をくつがえすこの現象は、どのようにして起こるのでしょうか。

それは、肌細胞の一つひとつが水分で満たされるからです。肌細胞には本来、保湿成分「ＮＭＦ（natural moisturizing factor：天然保湿因子）」が多く含まれています。

しかし癒着が起こると、そこにはゴミ（老廃物）が蓄積します。老廃物が邪魔をして肌細胞に栄養がいきわたらず、機能が低下してしまうのです。

つまり老廃物こそが、乾燥・シミ・シワ・くすみなどの、すべての肌トラブルの

健康な筋膜

筋肉の動きに連動して筋膜が柔軟に動く。リンパ液、血液の流れもスムーズで、老廃物は排出され、栄養がしっかりと細胞に届けられる。

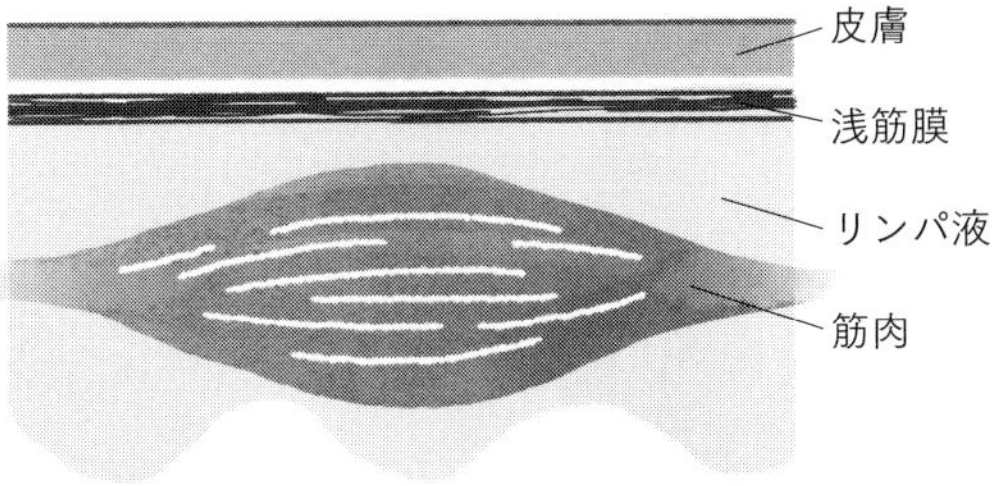

不健康な筋膜

運動不足によって、筋膜が硬くこわばり、皮膚や筋肉との癒着が起こる。筋肉の動きを妨げ、リンパ液や血液の流れが悪くなり、老廃物が蓄積される。

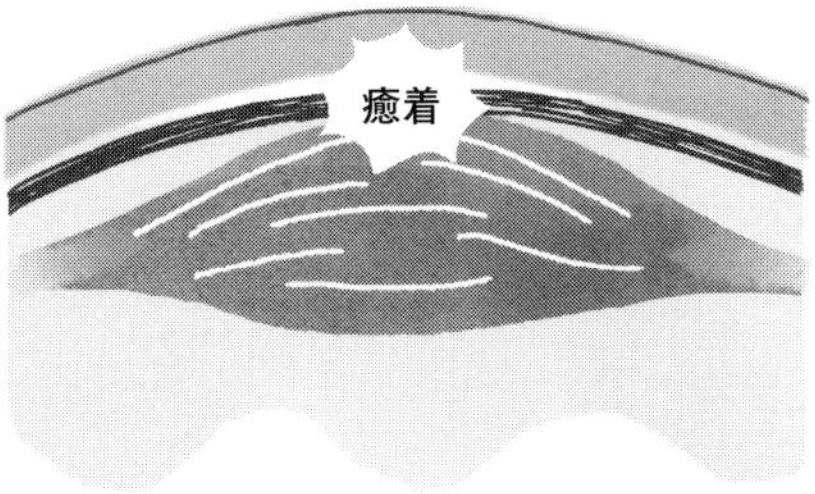

↓

乾燥・シミ・シワ・くすみなど
あらゆる不調を引き起こす

元凶。さらに言えば、「うつ」などのメンタルを含む多くの病気の原因が、老廃物だと言われています。

医学の助けが必要となるそうした疾患に比べれば、肌の問題解決は簡単です。癒着を引きはがせばいいだけだからです。

それにはまず、外から押す＝圧を加えるのが第一歩。すると、硬くこわばった組織がほぐれ、筋膜を浸していた細胞間基質も戻ってきます。この「液体化」により、肌細胞には栄養が運ばれ、古くなった細胞の新陳代謝も進みます。新しく元気な細胞でNMFが十分に機能し、若い肌と同じようなうるおいが戻ってくるのです。

「老化」は子どもの頃からはじまっている！

◆肌の運動不足――顔筋の8割が動かせていない

ところで、肌の老化はいつからはじまると思いますか？

「25歳が肌の曲がり角」「30代から乾燥しやすくなる」などなど巷《ちまた》には様々な説がありますが、癒着の観点から見ると、小学校高学年あたりで早くも兆候が見られます。筋膜に、一定のクセが付きはじめるのです。

筋膜はボディスーツのように、その人の体をおおっています。遠くから知っている人が歩いてきたとき、顔が見えなくても「あ、あの人だ」とわかるのは、その人の歩き方のクセで見分けているからです。

そのクセをつけるのが、筋膜の委縮。どこが縮んで、硬く癒着しているかによって、姿勢にも影響が出るのです。

顔も、その人の表情のクセが筋膜に影響を与えます。動かない部分が癒着すると可動域が狭まり、ますますクセが固定・強調されていきます。

つまり肌の老化はある年齢を境にはじまるのではなく、子どもの頃からのクセの蓄積が外面に表れた結果と見ていいでしょう。

さて、ここで思い出してみましょう。これまで何度か、「肌は運動不足だ」と述べましたね。「それなら目や口を大きく開いたり閉じたりして、表情筋を動かせばいいのでは？」と考えた方もおられるでしょう。

しかし、それは違うのです。笑ったり目を見開いたり、口を開いたりといった動きだけで動かせる筋肉には偏りがあります。目や口を動かしても、頬、額、あごなどはほとんど動きませんね。

ほとんどの方は、初回の施術の際、顔筋の約8割が動かなくなっています。普段の生活の範囲では、顔筋は約2割しか使われないということです。

ですから、外から圧をかけて解きほぐすことが必要。これが肌のリハビリ＝「顔の運動不足解消」なのです。

「顔筋はがし」で、表情筋がよみがえる

◆頬が軽く上がる、目がパッチリ開く！

表情の運動だけでは使われる筋肉は限られる、と言いましたが、これは「表情を豊かにしても意味ナシ」ということではありません。

「8割が動いていない」のは日本人ならではの特徴。表情を表さない傾向が強いせいだと思われます。ですから、大いに笑ったり驚いたりといった表情を出すことは、とても有意義なのです。

「顔筋はがし」は、その出発点とも言えます。

長年のクセで固まってしまった顔では、豊かな表情も出せません。

可動域が減る→動かない→癒着が進む→ますます可動域が減る、という悪循環に陥っているのです。

前頭筋
眉を引き上げる筋肉。衰えると額にシワをつくる。
側頭筋
フェイスラインのたるみやほうれい線に影響する筋肉。
鼻筋
鼻を広げたり狭めたりする筋肉。鼻の縦ジワに作用する。
眼輪筋
目を開閉する筋肉。クマやまぶたの下垂に作用する。
上唇鼻翼挙筋
上唇と鼻翼を引き上げる筋肉。衰えるとほうれい線をつくる。
大頬骨筋
口角を引き上げる。ほうれい線、シミ、シワに作用する。
口輪筋
唇を開閉する筋肉。衰えると口の上に縦ジワができ、口角が下がる。
上唇挙筋
上唇を動かす筋肉。口まわりのたるみに作用する。
笑筋
口角を横方向に引っ張る筋肉。えくぼや口元のたるみに作用する。
頬筋
頬を膨らませたり、へこませたりする筋肉。頬のたるみに作用する。
胸鎖乳突筋
耳の下から鎖骨をつなぐ筋肉。リンパの流れや二重あごに作用する。

外からの力で癒着をはがせば、悪循環は好循環へと逆転します。

老廃物が流れれば、筋肉が動きやすくなるからです。

「頬が軽くなった！」「目がこんなに開くんだ！」という感想を述べられる方もいます。本人でなくても、パッチリとした目、ひとまわり大きな笑顔になっているのがわかります。

表情が豊かになれば、さらに筋肉がしっかり働きます。外からの力と、みずから動かす表情筋との双方で、運動不足はみるみる解決するでしょう。

「顔筋はがし」は、表情筋を鍛えるアプローチでもあるのです。

老け顔の正体は「凹凸」だった

◆まぶたや頬の「やつれ」を撃退しよう

私のサロンには、「老け顔」に悩んでおられる方が多く訪れます。
最初にそうした方の肌を触ると、「中身が入っていない」という印象を受けます。「スカスカ」とでも言うのでしょうか、皮膚を押してもモッチリとした弾力が感じられないのです。

そんな顔はどう見えるかというと、目立つのは「凹凸」です。
と言うと、彫りの深い美しい顔を連想されるかもしれませんが、ここで言う凹凸はそれとは別。頬の下がそげて、影のあるやつれた感じです。

これは、頬骨のあたりで癒着が起こるせい。骨の出っ張った部分に老廃物が溜まり、その下に栄養がいきわたらなくなっているのです。目の下のシワやほうれい線

施術前　　施術後

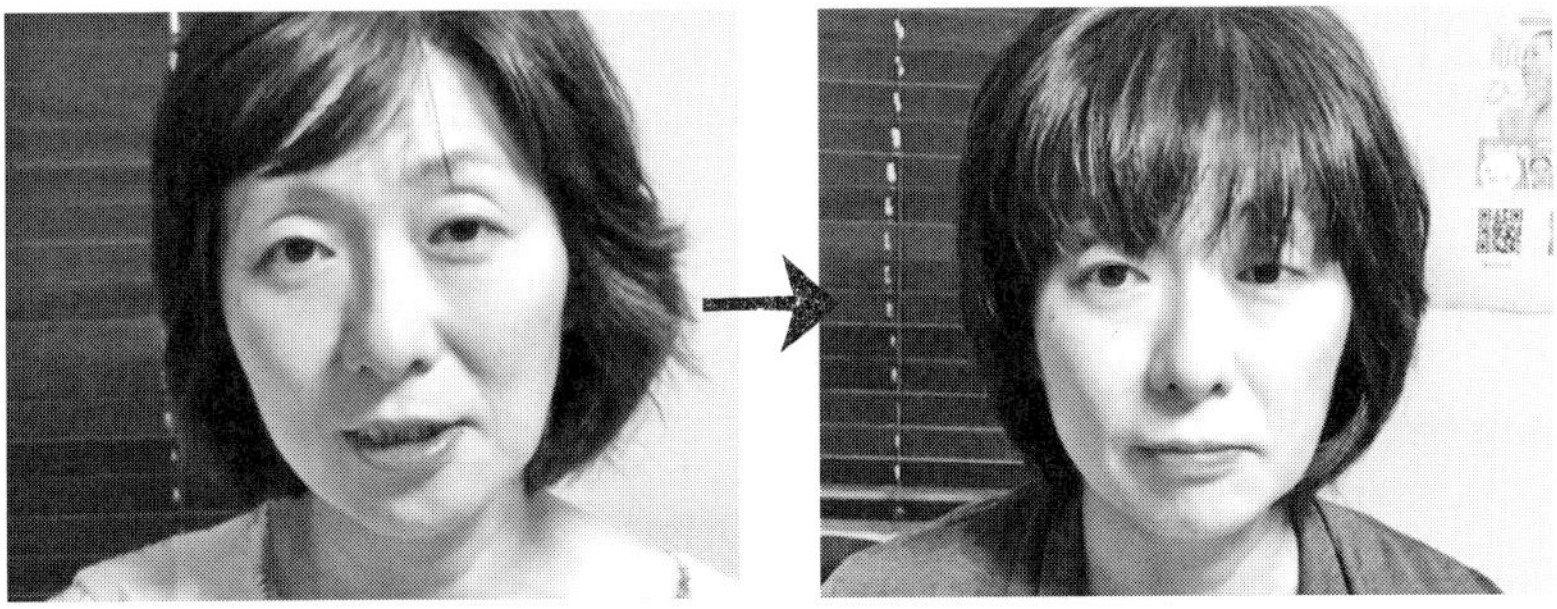

頬骨が高く、目がくぼみクマが目立つ。

頬の位置が高くなり、目のまわりもふっくら。

も深くなり、目のまわりエリア・頬エリア・口まわりエリアに「3分割」されたような印象に。

目が「引っ込んだ」感じになるのも気になる凹凸です。眼窩《がんか》のまわりにも癒着が起こるため、まぶたにハリがなく、ショボショボと表情のない目になってしまいます。

「顔筋はがし」で癒着をはがせば、凹凸は解消。頬の位置が高くなり、骨格が変わったかのような若い顔へと変身します。あごまわりもキュッと締まって、シャープなフェイスラインになります。

「肌にいいストレス」で若返りを促進

◆刺激からの回復物質「ＨＳＰ」で代謝が進む

「癒着をはがすだけで、本当に肌が若返るの？」

と、まだ半信半疑の方もおられるかもしれません。

実は、若返りを促進する要素はもう一つあります。

それは「ＨＳＰ（ヒートショックプロテイン）」というたんぱく質。

ＨＳＰは、ストレスにより分泌される物質です。体を外からの攻撃から守ったり、ダメージを受けた細胞を修復したりする作用があります。

「顔筋はがし」で肌にストレスを与えると、肌の中でこの物質が一気に増産されます。それが、細胞のターンオーバー（新陳代謝）を一気に進めるのです。

ＨＳＰの効用はそれだけではありません。血行促進作用があるため、顔のむくみが取れます。コラーゲンやヒアルロン酸の生成を促し、肌のうるおいを取り戻してくれます。

代謝が上がることでシミの原因となるメラニンが排出され、今あるシミも薄くなります。紫外線ダメージに対抗する「肌の基礎体力」も上がるので、シミの予防効果も高まり、ハリも戻ってきます。さらには、免疫細胞の働きも促進されます。

「顔筋はがし」で肌本来の自己回復力を取り戻せる、と前に述べましたね。そこには、このHSPの働きが大きく関わっているのです。

さて、「外からストレスを与えて大丈夫？　むしろ肌が傷みそう」と考えている方もおられるでしょう。心配無用。「顔筋はがし」のストレスは、「押圧」であり、「摩擦」ではないからです。

皮膚の表面をこする刺激は、確かに肌へのダメージとなり、シミの原因になります。対して、表皮の奥にある「真皮層《しんぴそう》」に押し込む刺激なら、皮膚は傷みません。指を滑らせるときはジェルやローションを使って摩擦を防止するので安心です。

痛いけれど、気持ちいい！
しっかり癒着をはがそう

◆硬い詰まりを取ったあとの爽快感は格別

「真皮層までぐっと押し込む」という刺激は、肌にとってはなかなかのインパクトです。

今のうちにお知らせしておきましょう。「顔筋はがし」は最初、痛いです。

次の章で詳しく説明しますが、「顔筋はがし」では必ず最初に「鎖骨の開放」を行ないます。鎖骨のくぼみに指を押し込んで、詰まった老廃物を流すプロセスです。

これで、顔まわりの老廃物の「出口」がつくられます。鎖骨のところに通っている太いリンパの詰まりを取ってはじめて、ゴミを捨てられる状態になるのです。

初回の施術でこれを行なうと、たいていの方は飛び上がって痛がります。そのあとの頬や額、あごまわりでも同様です。

癒着の度合いが強いほど、痛みも手ごわくなります。ゴリゴリの塊を解きほぐされながら涙を流す人までいます。

それでもかまわず、ニコニコ笑いながら施術する私の姿もまた、なかなかのインパクトなのだそう。

――と、恐ろしい話ばかりしてしまいましたが、心配は要りません。

その痛みは「痛気持ちいい」ものであり、決して不快ではありません。痛みの中にも、体が喜んでいることが実感できるのです。

その証拠に、「そんなに痛いならやめちゃいますか～？」と冗談めかして尋ねると、皆さん必ず「絶対やめません！」と答えてくださいます。

終わったあとには、「えっ、何だろう、この爽快感！」と驚かれます。

肩が軽い、顔の筋肉が軽い、頭が冴《さ》え冴《ざ》えしている、視界が明るい……。

ぜひご自分の手で、この痛気持ちよさとスッキリ感を味わってください。なお、痛いのは最初だけで、癒着がはがれるにつれて押しても平気になります。

ほうれい線を消すには「おでこ」がポイント!?

◆「生え際押し」で気持ちよさをプチ体験！

「痛気持ちよさ」を実際に味わうために、ここで少しだけ体験していただきましょう。

狙うは、数あるシワの中でも、とりわけ忌み嫌われる「ほうれい線」。鼻の横から口元へと伸びるこのシワを薄くするには、どの部分の「顔筋はがし」を行なえばいいと思いますか?

「鼻の横や口まわりでしょう?」

と答えた方、確かにそれも間違いではありません。しかし、さらによい方法があるのです。

それは、おでこを刺激することです。

言うまでもなく、顔の皮膚は1枚でつながっています。顔の上部＝髪の生え際から「吊《つ》り下がっている」とも言えますね。

上部のおでこ部分がたるむと、皮膚が落ちてきて鼻の横にしわ寄せがきます。こうして、ほうれい線が深くなるのです。

ですので、顔の下半分をスッキリさせたいなら「上流」からハリを取り戻させるのがコツです。

方法は簡単。肘をついて、手をグーの形にし、髪の生え際にあてましょう。頭の重さをこぶしで支えるようにして、指の第二関節で、おでこの凝りをほぐしてみましょう（66ページ参照）。

このとき、表皮をこすってはいけません。指はあくまで、同じ場所にあてたまま、頭蓋骨から「ずらす」感覚で皮膚を上下・左右に動かしましょう。

——いかがでしたか？

痛い中にも気持ちよい感覚を味わえたのではないでしょうか。

しばらく行なうと、頭がスッキリします。寝起きに行なうとパッチリ目が覚めるのでおすすめです。

シミ、シワ、たるみ、目の下のクマも一挙に解消

◆ターンオーバーで連鎖的に肌が若返っていく

「顔筋はがし」を毎日行なっていると、肌の状態が確実に変わってくるのを感じられます。

もっとも顕著なのは、くすみが消えて天然のツヤが出ること。スキンケアオイルで出るツヤとは、明らかに輝きが違います。

このツヤは、シミを目立たなくする効果があります。

シミ自体も細胞のターンオーバーによって多くは消えますが、もともと濃いシミの場合は「薄くなる」に留《とど》まります。

ところがツヤがあれば、それがまったく気にならないのです。ツヤの輝きが、シミを「飛ばしてくれる」――写真を撮るときの「レフ板」の役割を果たすからです。

実は私にも薄いシミがいくつかあります。そう人に言うと、相手は必ず私の顔をしげしげと見て……「え？　どこ？」。レフ板の威力、恐るべしです。

目のまわりもスッキリします。まぶたのたるみが消え、奥二重の人もくっきり二重に。目がひとまわり大きく見えるようになります。

血行改善により、目の下のクマも消えます。ファンデーションを塗っても消せない黒ずみが解消して、元気な印象に。

血行がよくなることは、「赤ら顔」の改善にもつながります。

頬の赤みは血行がよいせいではなく、頬の近辺で血流が滞留することで起こります。寒い地方に住む子どもの頬が赤いのはそのせいです。お子さんなら可愛いですが、年齢を重ねると少々あか抜けない印象ですね。これが解消されれば、色みのバランスがよくなり、雰囲気が洗練されます。

肌の内部の水分量が増えるので、ハリが戻り、シワの悩みも解消。

目元やほうれい線だけでなく、首に入る横ジワも薄くなります。あごまわりの肉にハリが戻るので、たるんで下がっていた肉が上がるからです。

皮膚だけでなく、フェイスラインもスッキリ

◆エラが消えた⁉　整形要らずで顔が変わる

皮膚のハリが戻り、たるみが消えるということは、「フェイスラインが整う」ということも意味します。

あごの下についた肉もキュッと締まり、横顔に自信がもてます。

「でもさすがに、エラの張り出しは解消できないでしょう？」

とあきらめ顔の方、それが違うのです。

施術後、「エラが小さくなった！」と喜ばれる方が大勢いらっしゃいます。

なぜそんなことが可能かというと……。

頬骨など、骨の出っ張りのある場所は老廃物が留まりやすいという話をしましたね。同様に、あごの付け根が突出しているとそこに滞留ができて、ますます体積が

増えるのです。

それを取り除くと、まるで骨そのものが小さくなったかのように、ラインがスッキリします。「まるで、整形手術をしたみたい！」と言う方もいます。

ちなみに、「顔筋はがし」は「整形手術でも不可能なこと」ができます。

それは、顔の左右のバランスが整うこと。これは、現在の美容整形の技術ではなしえないことです。

年齢を重ねるほど、表情のクセが繰り返されて、左右のバランスは崩れるもの。しかし老廃物の滞留を取り除くと、目の高さや大きさ、口の開きがキレイな対称を描くようになります。

私も、これで左右対称の顔を取り戻すことができました。

20代の頃、車の事故で顔面を強く打って大けがをした経験があるのですが、その傷も癒えて久しい40代になってから、手術の痕が癒着を起こし、左右の目の位置が違ってきたのです。そこで、その部分の筋膜をとくに念入りにはがすと、スッキリ元通りに。「衰え」のみならず「傷痕」にまで、効果を発揮してくれるのです。

肌以外でも、いいことがたくさん！

◆目も耳も、歯ぐきも若返る⁉

若々しい肌・キレイな肌とはすなわち、「健康な肌」です。「顔筋はがし」はあくまで「健康」を取り戻すノウハウであり、結果として美しさがついてくる、と言ってもいいくらいです。

健康になるのは肌だけではありません。細胞が活性化され、体の内側から若返りを感じていただけます。

たとえば「老眼の症状が軽減した」という声が多く聞かれます。

ショボショボしていた視界がハッキリした、新聞の小さい字が見えるようになった、遠くの看板が読める、などなど。細胞のターンオーバーにより、目の神経もリニューアルされたのだと思われます。

耳の聞こえがよくなるケースもあります。早口やボソボソ声も聞き取れる、テレビのテロップや字幕がなくても音声が聞き取れる、など。

はたまた、薄毛の症状が軽減した方も。

次の章で紹介する「脳デトックス」は頭皮に刺激を与えるので、髪にも好影響が出るようです。ちなみに、脳デトックスは頭が冴える効果も大。寝起きで眠気が取れないときの特効薬でもあります。

さらに驚きなのが、歯ぐきが引き締まってくること。くすんだ色から、キレイなピンク色へとよみがえります。

ある方など、長い間休眠していた親知らずがうずきだし、歯医者さんに駆け込んだそう。嬉しいかどうかはともかく、若返りの兆候であることは確かです。

細かいところでは、「ニットのセーターがチクチクしなくなった」という方もいました。これは、首元の肌質が変化したせいです。

乾燥肌がうるおいを取り戻したことでかゆみが解消、着られる服の幅が増えたとか。これも、心が浮き立つ変化ですね。

50代こそ肌を整えていく適齢期

◆脂性肌だった人も、乾燥肌に

私が東京で開いているサロンに来られるお客様は、30代後半より上の方が多数派です。

一方、大分県大分市には、私の娘が店長を務めている「ナチュラルフェイシャルエステ・プラーナ」があります。こちらは20代がボリュームゾーン。若いお客様のニーズは、主に「小顔になりたい」と、「ニキビをなんとかしたい」。「顔筋はがし」はもちろん、そのニーズも叶えます。

肌バランスを整えると、ニキビやニキビ跡がスッキリ消えます。ちなみに娘自身も10代の頃はニキビに悩んでいましたが、今はツヤツヤです。

若い頃、ニキビに悩んでいた方はいわゆる「オイリー肌」だったことでしょう。

皮脂の分泌が平均よりも多く、そのせいで肌荒れも起こしやすかったはずです。

そうした方は、30代、40代頃になるとだんだん皮脂が減り、「ちょうどいい感じ」になります。

しかしこの「ちょうどよさ」は長くは続きません。癒着が進めば今度は乾燥がはじまります。50代は、若い頃の肌質にかかわらず、ほとんどの人が乾燥肌になる時期と言えます。

逆に言えば、50代こそ癒着が進んでジリジリと皮脂が出なくなるのを、再び上向きにしていく、最適な時期。

皮膚呼吸の機能が戻れば、皮脂や汗がきちんと出ます。若い頃と同じような、「水をはじく肌」と再会できます。

なお、極めてまれですが、はじめての「顔筋はがし」のあと、吹き出物が出るケースがあります。

これは、皮膚の下に長らく滞留していた老廃物を流したせいで起こります。一時的な現象で、すぐに治まるので心配は要りません。

日焼け止めさえ要らないスッピン肌に!

自己回復機能を取り戻した肌はもはや、化粧品で「キレイに見せる」必要はありません。

私は現在、ファンデーションをまったく使いません。メイクをするときは、アイメイクと口紅だけ。

スキンケア用品は、自分で開発したローションのみ。自然界に存在するものから抽出した天然素材で、有害物質はゼロのものです。「顔筋はがし」の際に滑りをよくしたり、外からうるおいを補給したりするときに使います。

日焼け止めも一切使いません。「なのに、その白さ!?」と驚かれるのですが、これも「顔筋はがし」の成果。うるおいのある肌は、それだけで日焼けを防げるのです。

日焼け止めのほとんどが化学物質を多く含んでおり、肌に負担をかけています。

日焼け止めを使わずにすんでいるのは、紫外線をシャットアウトするためのスキンケアではなく、紫外線に負けない素肌づくりをしているからです。

この話をすると、たいていの方は「ノーメイクなんてとんでもない」「日焼け止めを塗らないのは不安！」とおっしゃいます。

しかし、「顔筋はがし」を続けているうちに、変わっていかれます。

初回のときはしっかりメイクだった方も、だんだんと薄化粧になります。

もう、コンシーラーで隠すべきシミもなく、ファンデーションで隠すべき毛穴もないからです。もちろん、夜の面倒なスキンケアとも無縁になります。

メイクがシンプルになると、服や髪型や、持ち物が変わるのも印象的。

肌のトーンにマッチする明るい色合いの服になったり、生き生きとした顔が映える、おしゃれなショートカットになったり。

より明るく、おしゃれに、アクティブに——。

若い頃にも増して積極的に、日常生活を楽しめるようになるのです。

COLUMN

「屋外ダメージ」は回復しやすい！

「屋外で仕事をしてきたから肌が老けていて、もうあきらめています」と言う方がしばしばいます。屋外での作業や農業などのハードな仕事の方は確かに、肌も酷使されるイメージがありますね。

しかし実は、そうした方のほうが回復は早いのです。なぜなら、そうした仕事をする方の多くはノーメイク。日焼けや外気によるダメージは、化粧品によるダメージに比べれば、回復しやすいのです。

長年ガソリンスタンドで働いていた60代のお客様もそうでした。「この蓄積された日焼け、今さら治らないでしょう？」とおっしゃっていたのが、私も驚くほどの色白肌に変身されました。

ターンオーバーの力を呼び覚ませば、かつてのダメージは消えていくもの。「私は〇〇だから無理」と決めつけず、顔を動かすトレーニングにトライしましょう！

PART 2

「顔筋はがし」で悩みゼロの肌を手に入れる！

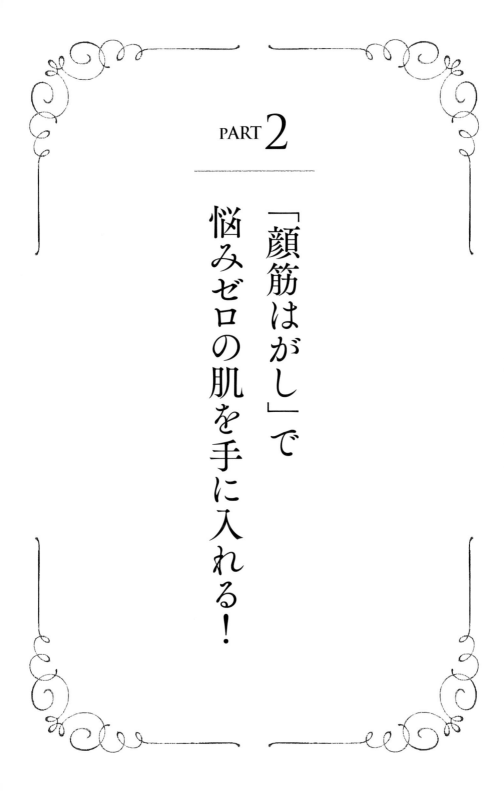

エステ不要！　自力で肌を回復させよう

◆「顔筋はがし」は誰でも、家で簡単にできる！

私が東京で開いている「美ｆａｃｅジム®」、娘が大分で店長を務める「ナチュラルフェイシャルエステ・プラーナ」。

両店のお客様の年齢層はそれぞれ違いますが、共通点があります。

「お客様のお肌が、とてもキレイですね」と、設備や道具を納入してくださる会社の方々が、一様におっしゃるのです。

「スタッフさんのお肌がキレイ、というサロンは珍しくありませんが……」

「ここではお客様がみんなツヤツヤ。こんなお店は初めてです！」

と、驚かれるのです。

50・51ページに、そんなお客様の中から3人の方に登場していただきました。

それぞれ別のお悩みを抱えてこられた方々ですが、いずれも短期間で改善。周囲のお友達にも、「どんなケアをしたの⁉」と驚かれているそうです。

その秘密は――前章を読んでくださった皆さんは、もうおわかりですね。

ここからは、皆さんがツヤツヤになる番です。

「サロンに通わずに、そんなことできるの？」と思われるでしょうか。

もちろんできます。

サロンでは全身の施術も行なうのでスタッフの力が必要となる場面もありますが、顔は自分の両手を使って、隅々まで元気にすることが可能。しかも必要なテクニックは、「動いていない場所を動かす」ことだけです。

顔筋はがしは、難しい技術を伴うものではありません。1回3分、1日2回のみ。誰でも、今日からでも、この場ではじめられます。

雑誌の取材で編集者や読者モデルの方に体験してもらうと、「簡単にできますね！」と、その後も日課にしてくださる方が多数。次いで「乾燥肌が治りました！」などの喜びの声が届いてくるのです。皆さんも、その喜びを味わいましょう！

「顔筋はがし」で
こんなに変わった！

「顔筋はがし」は１回でも効果が出ます。変わっていく自分を楽しみながら、毎日の習慣にしましょう。ぜひ写真を撮って、変化を記録してください。続けるモチベーションになります。

施術前　　　　３年後

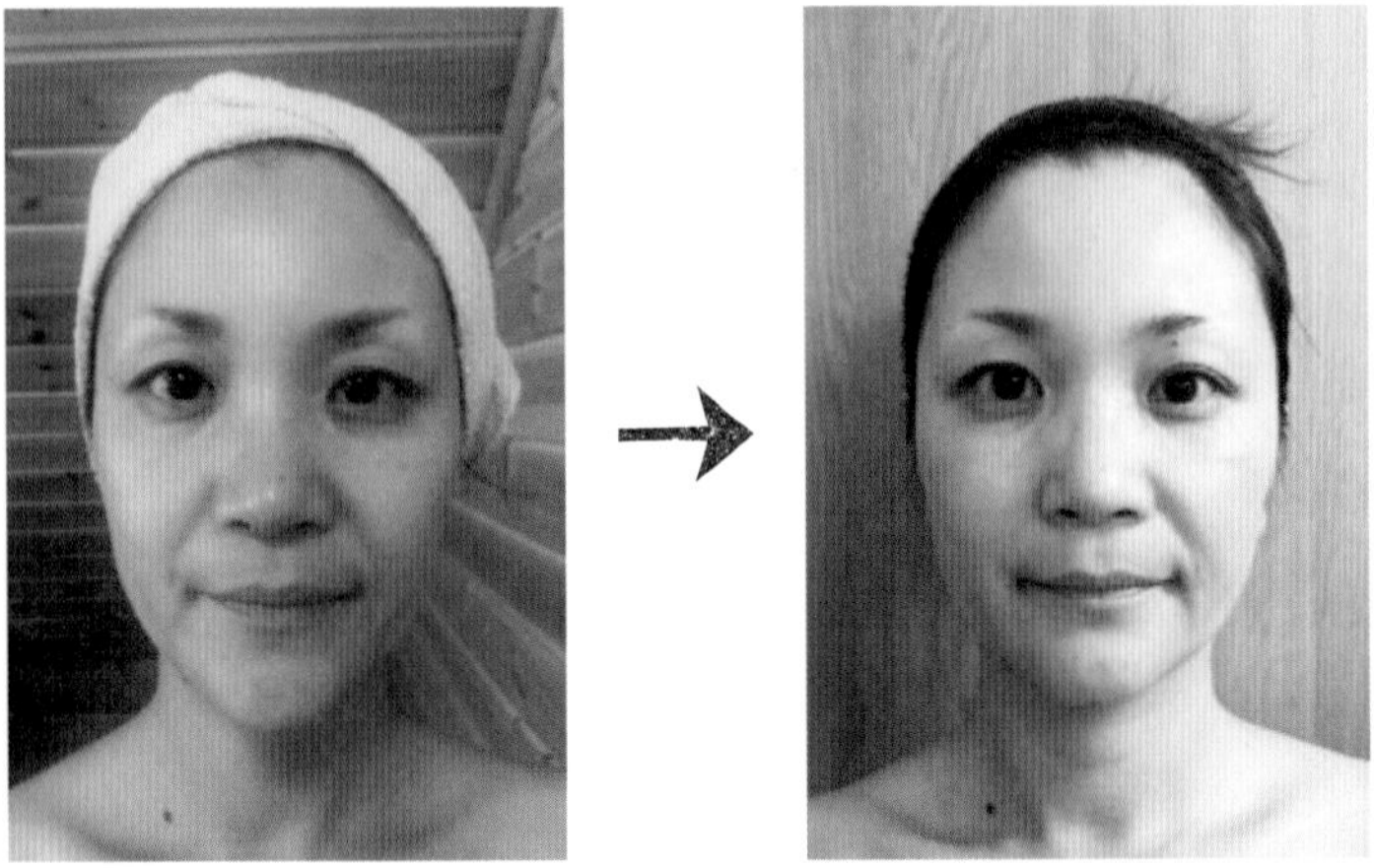

▶Ａさん

まぶたにハリがなくなり、目が奥まった印象になっていたＡさん。目と眉まわりの動きを促したことで目がパッチリし、黒目がちで表情豊かな目の魅力が全開に！

施術前　　1カ月後

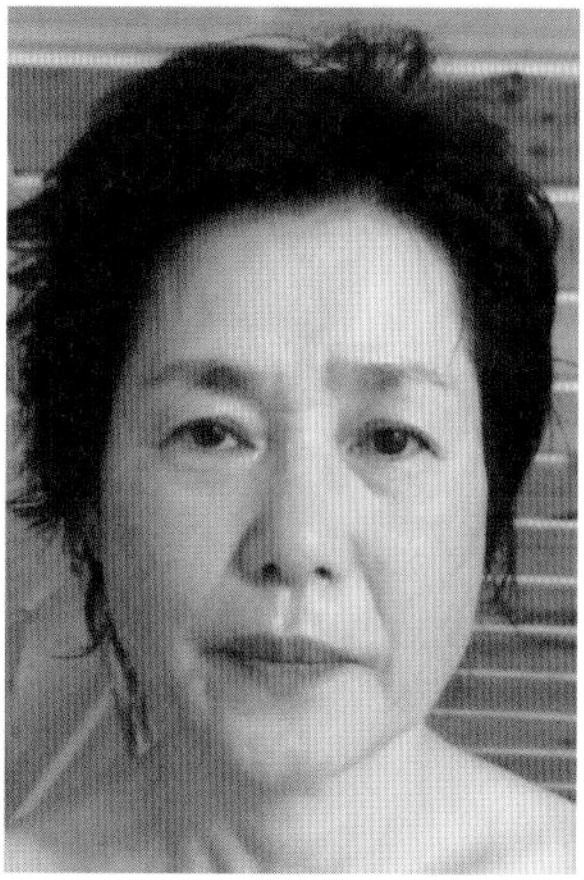

▶Bさん

お肌にハリが戻ったことで、ほうれい線をはじめ、眉間のシワや目の下のシワが格段に薄くなりました。沈んで見えた表情に、若々しさと活気が復活。

施術前　　2カ月半後

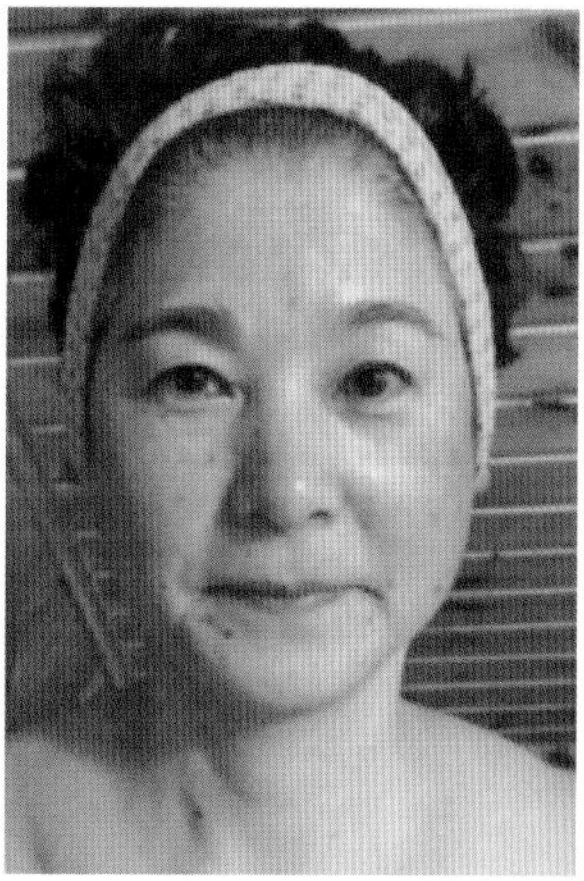

▶Cさん

右の写真では明らかにエラの位置が高くなっています。顔のラインはキュッと上がりつつも、若々しく曲線的に。マリオネットラインもスッキリ消滅しました。

朝と夜の習慣でキレイになろう

◆朝は即効性、夜は長期的ケア

「顔筋はがし」は原則的に、1日のうちいつ行なってもよいものです。とはいえ普段の生活を考えると、「朝のお出かけ前」と「夜のお風呂～就寝前」の日課にするのが、もっともスムーズでしょう。

朝と夜のコースがそれぞれ3分。短時間でも効果があるものを組み合わせています。慣れるまでは少し時間がかかるかもしれませんが、肌の奥、筋肉や筋膜を意識して、ていねいに行なうようにしてください。

毎日続けていると、筋膜の癒着がはがれ、頬が柔らかくなってきているのを実感できると思います。最初は痛かった押圧も、痛気持ちいいように。そう感じるようになってきたら、頬のたるみがなくなっていたり、ほうれい線が薄くなっていたり、見た目にも変化が表れてくるはずです。見た目の変化は続けるモチベーションになります。ぜひ、毎日自分の肌をしっかりと見て、変化を見つけてください。

朝は、「外で人に会う前にサササッとキレイになる」効果を狙います。

「顔筋はがし」は、行なうとすぐにシワやむくみに効くのが特徴。ですから、目がパッチリ開く・ほうれい線が薄くなる・むくみが取れるなど、お出かけ前に即効性のあるメニューを実践しましょう。

夜は逆に、長期的に「若返りを促進する」のが目的です。長年の凝り固まりをほぐして、肌を抜本的に生まれ変わらせます。ここで与える刺激を通して、睡眠中にコラーゲンやエラスチンが生成されます。肌細胞をはじめ、顔の各パーツの細胞もターンオーバーが進みます。

なお、夜メニューには顔以外のパーツ＝「腸マッサージ」も入っています。腸が癒着すると内臓の働きが鈍り、老廃物の排出をつかさどる腎臓の機能も落ちます。お腹をしっかり動かして、流れやすい体の基礎をつくることが大切。

腸マッサージは、冷えやむくみにも効きます。新陳代謝が進んで痩せやすい体になるのもメリットです。

はじめるまえに①　筋膜に効かせるために

「顔筋はがし」は、エステやマッサージで行なうような皮膚やリンパのケアではなく、さらにその奥――筋肉と筋膜へのアプローチ。深層にしっかり働きかけるために、以下のポイントを大事にしましょう。

①肌に摩擦を加えない

指は、強く押し込んでもかまいません。ただし、内出血が起こるほどの強さはNGです。また、肌の表面に摩擦を加えないよう注意。指の滑りをよくするために、オイルフリーのローションやジェルを用意しましょう。オールインワンジェルのような、粘度の高いものが適しています。

②痛いときは「押す」だけでＯＫ
癒着が強いほど、皮膚の奥は硬く凝って、痛みを感じやすくなります。「痛いし硬いし、指が滑らない！」というときは、押圧を加えるだけでＯＫ。何点かぐっと押し込むだけで、凝りがほぐれて液状化します。柔らかくなれば、滑らせるアプローチに切り替えて。

③（夜のみ）麺棒を用意する
夜に行なう腸マッサージ用に、１００円ショップでも売っている「麺棒」を用意。

指で押す程度では深く入らず、腸の癒着がはがせないからです。こちらも最初は痛みがありますが、凝りがほぐれれば軽減します。

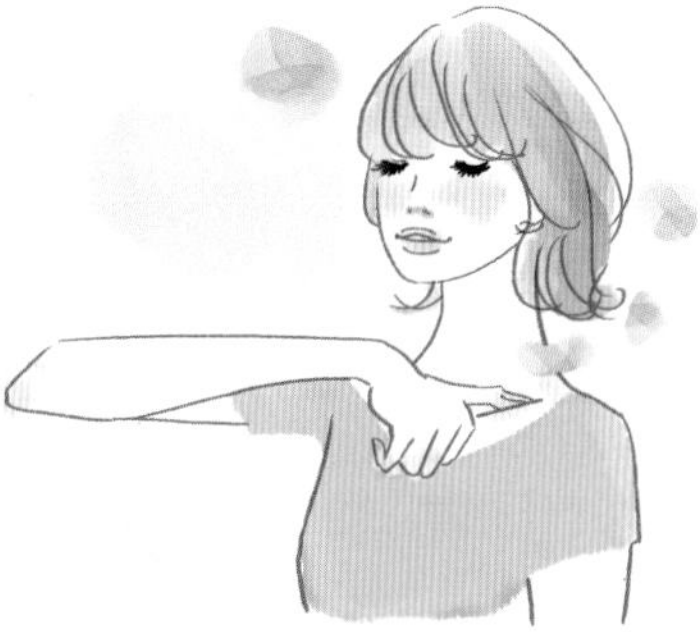

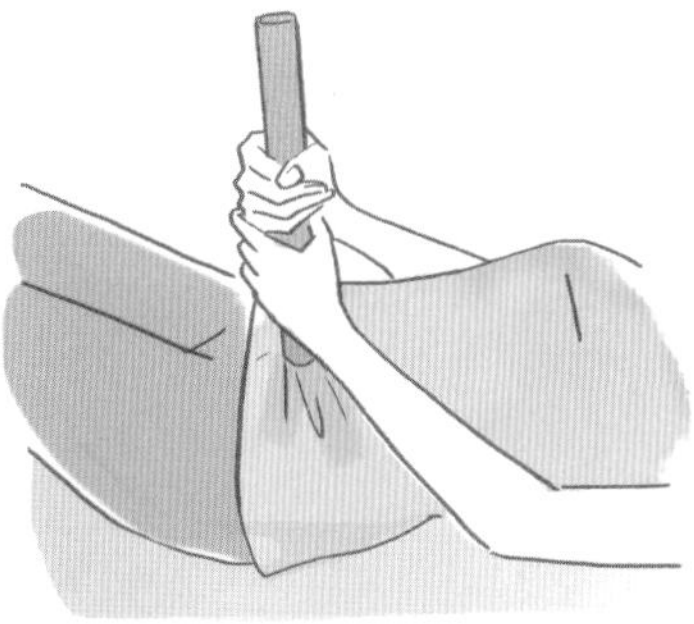

はじめるまえに②　準備運動は必須！

朝コースと夜コースに共通しているのが、最初に行なう「鎖骨の開放」です。鎖骨の開放は、リンパの出口＝ゴミの捨て場所を用意するプロセス。ここを最初に開いておかないと、老廃物が流れても、顔の内部でグルグル循環するだけになってしまいます。

なお、「顔筋はがし」はテーブルのあるところで行ないましょう。肘をついて、頭の重さを利用して行なうものがいくつかあるからです。体重をかけて行なうことで、肌に深く圧を加えることができます。椅子に座った状態でも、正座で行なってもＯＫですが、しっかり体重がかけられる高さのテーブルで行なうことが大事です。

「顔筋はがし」をはじめるまえに

1

肘をついて手でしっかりと頭を支えられる高さのテーブルを用意します。椅子に座った状態でも、正座でもどちらでもOK。

2

摩擦から肌を保護するため、ローションやジェルを用意します。粘度の高いオールインワンジェルのようなものが適しています。

準備運動
鎖骨の開放

顔のマッサージをはじめるまえに必ず鎖骨を開放しておきます。溜まった老廃物をしっかりと排出するための大切なプロセスです。

STEP 1

テーブルに肘をついて、親指と人差し指で鎖骨をつかむ。鎖骨のくぼみに親指をくいこませ、肩に向かって指を滑らせる。

★反対側も同様

左右5回ずつ

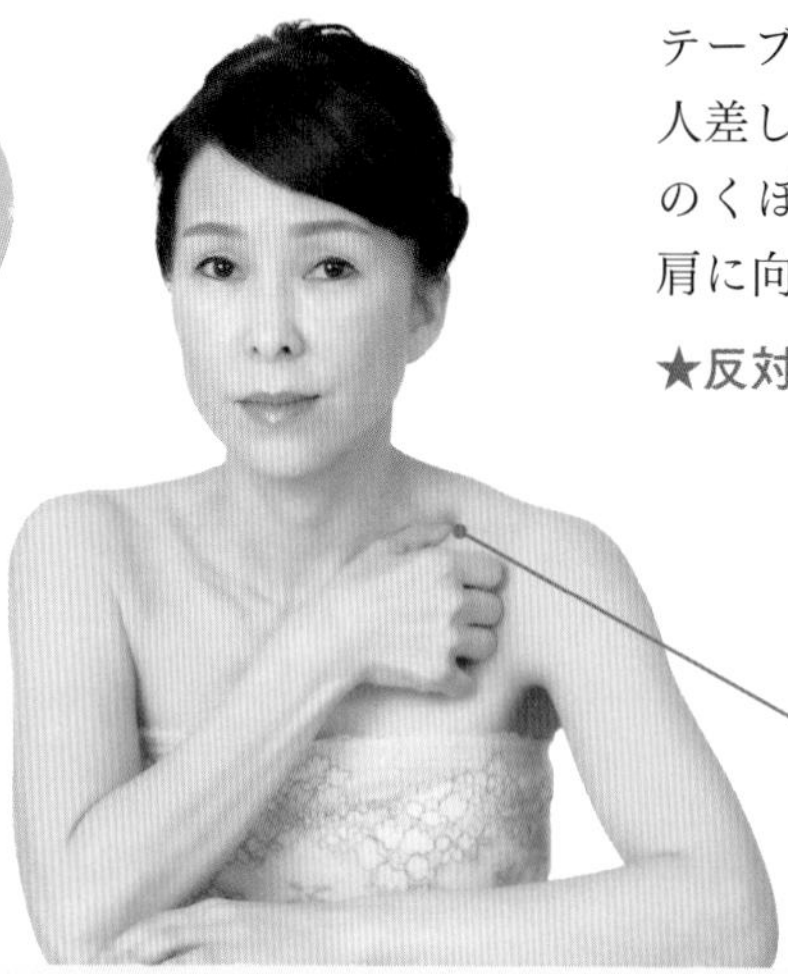

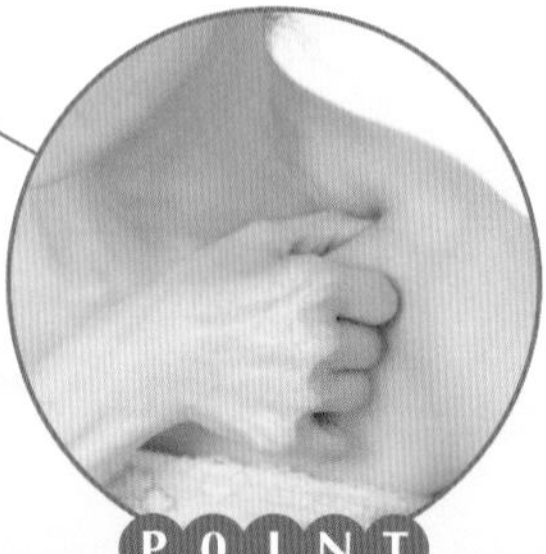

CHECK

指先ではなく、指の腹でしっかりと押す。

POINT

上半身の体重を親指にかけるようにして、鎖骨の上に指がしっかりくいこむように。滑らせるのが難しい場合は、体の中心から肩に向かってずらしながら押圧してもOK。

STEP 2

テーブルに肘をついて、中指を鎖骨の下にあてる。強く押しながら鎖骨にそって、体の中心から肩に向かって、指を滑らせる。

★反対側も同様

左右5回ずつ

STEP 3

中指と薬指をそろえ、鎖骨中央のくぼみの下にあてる。しっかりと押しながら胸の位置まで指を滑らせる。

5回

POINT

老廃物をしっかりと流しきるイメージで。最初は痛くて凝り固まった鎖骨まわりも、数日間繰り返すうちに痛みも和らぎ、気持ちよくなる。

朝❶

顔のたるみ・むくみ解消

頬の筋膜の癒着をはがしていきます。たるみ・むくみだけでなく、毛穴の目立ちも解消できます。

STEP 1

テーブルに肘をついて、こぶしの人差し指の第二関節を口角の下にあてる。手に頭部の重さをかけ、フェイスラインに向かって「レ」を書くようにはじいていく。

CHECK

関節のとがった部分でしっかりと押し込んでいく。皮膚の奥、筋膜に届くように意識して。

口角の下からスタートしてジグザグに目の下までしっかりとほぐしていく。

左右1回ずつ

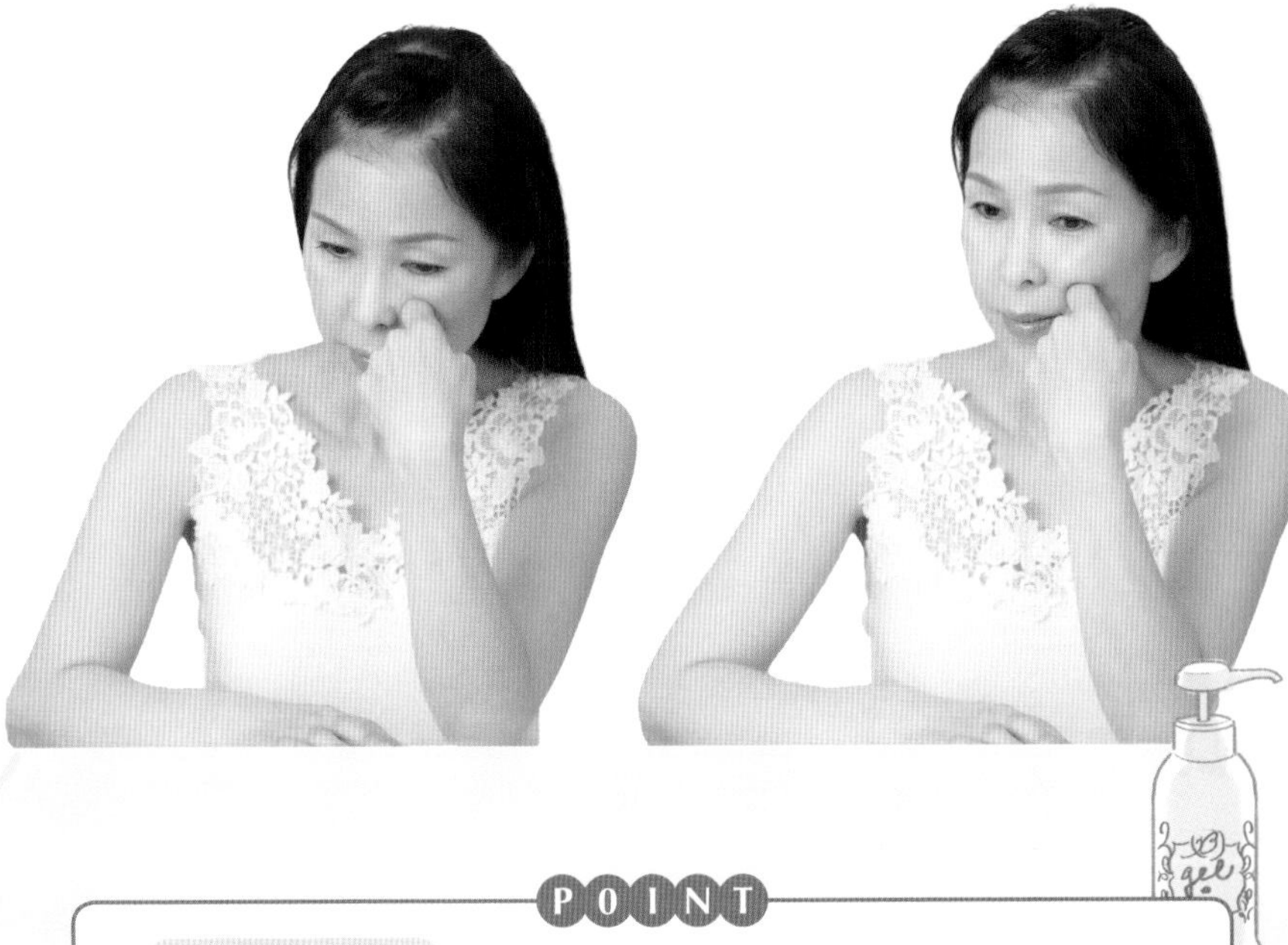

POINT

お急ぎコース

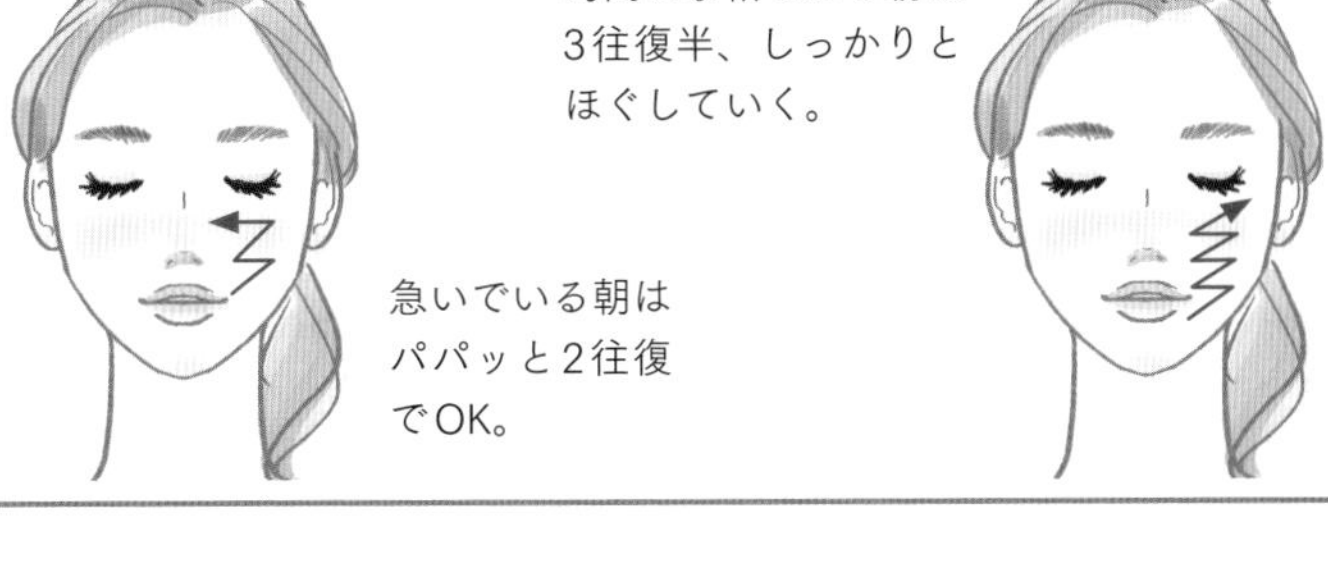

時間に余裕のある朝は3往復半、しっかりとほぐしていく。

急いでいる朝はパパッと2往復でOK。

STEP 2

テーブルに両肘をつき、ほうれい線の内側に手をそえる。手に頭部の重さをかけながら、耳もとまで手を滑らせる。

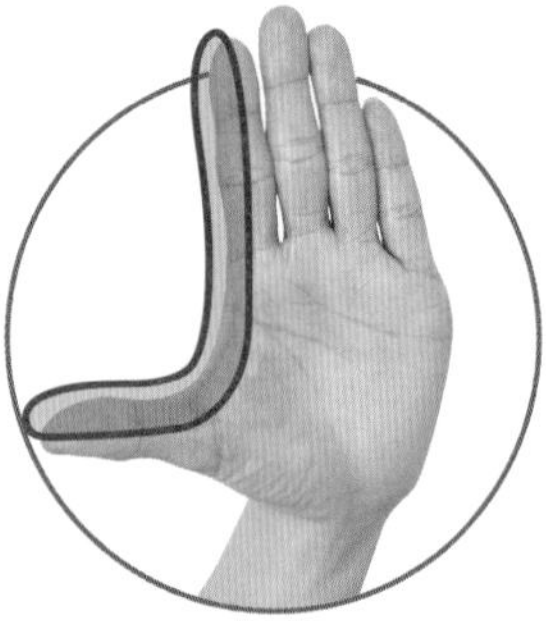

CHECK

親指から人差し指の側面をしっかりと肌に密着させる。

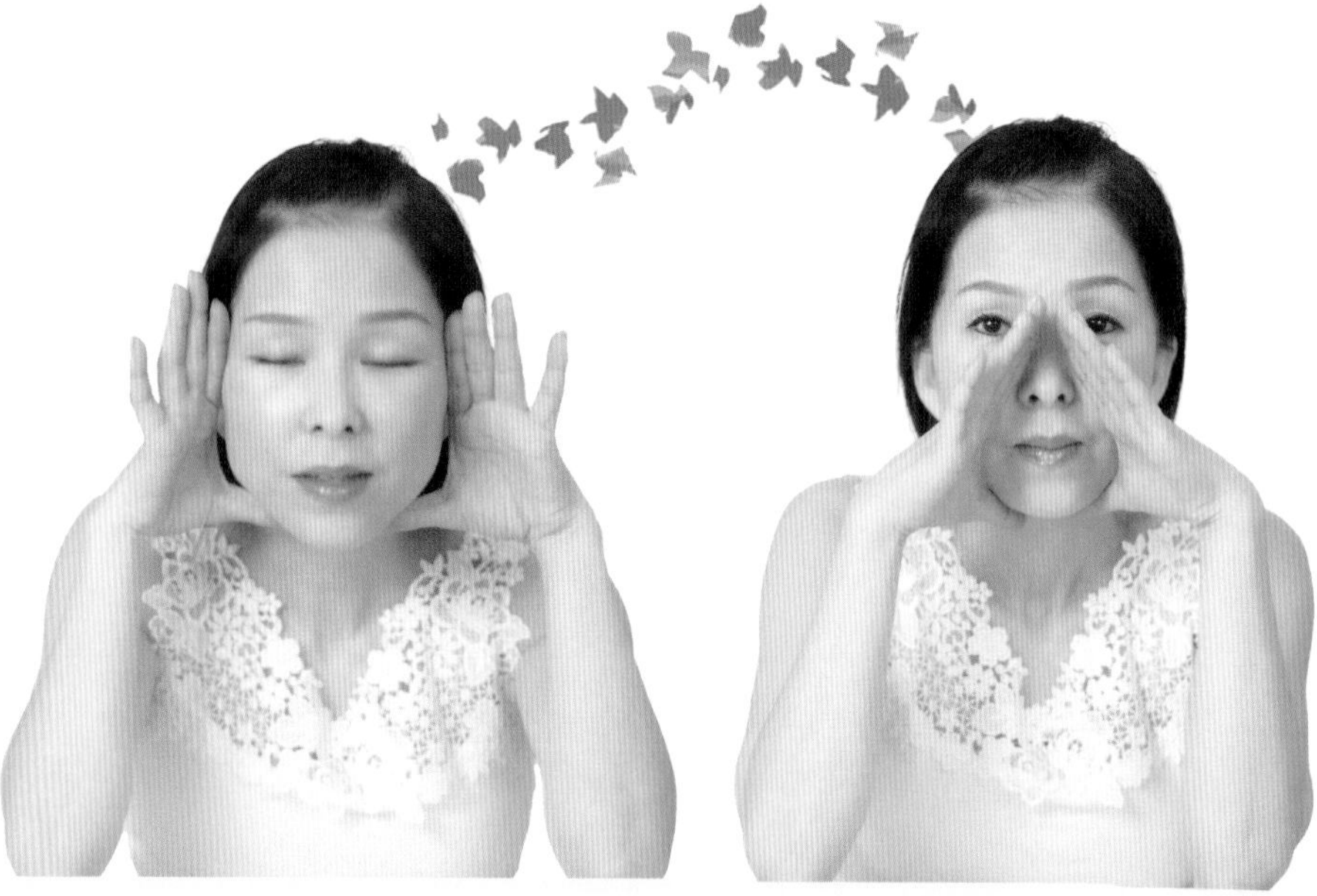

STEP 3

両手を耳の後ろまで滑らせたら、上体を起こしてこぶしをつくる。両側から首を押さえるように耳の後ろから鎖骨までこぶしを滑らせる。

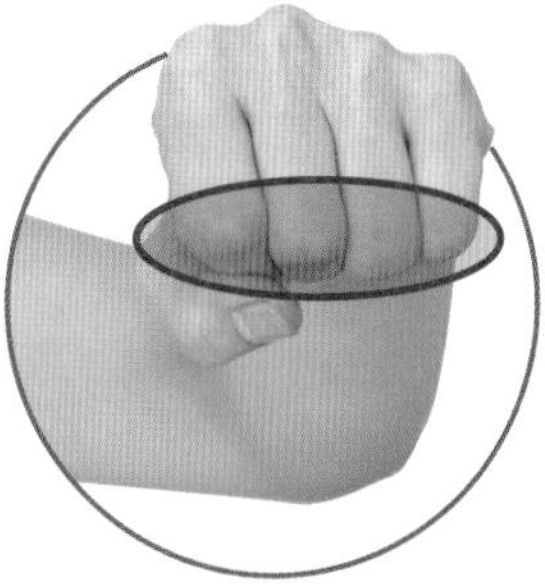

CHECK

第二関節をしっかりと肌に密着させる。

STEP2・3を続けて2回

朝❷

目元のたるみ・目の疲れ解消

目のまわりの眼輪筋をはがし、パッチリした目元に。眼精疲労の改善にも効果があります。

POINT

親指がずれて眼球を傷つけないよう、人差し指を額にあてて固定し、両手で均等に力を加える。

STEP 1

テーブルに両肘をついて、親指を目のくぼみのふち（眼窩縁）、目頭側に押しあてる。頭部の重さを手にかけてしっかりと力を加える。

CHECK

指先ではなく、指の腹でしっかりと押さえる。

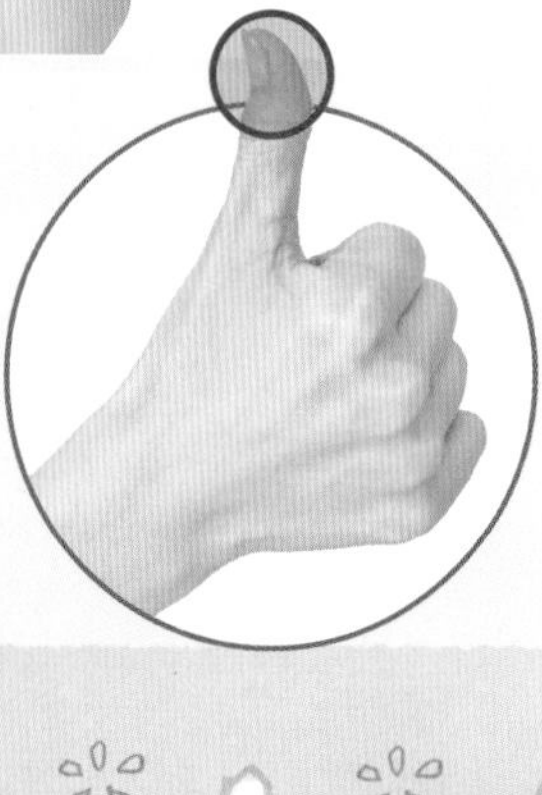

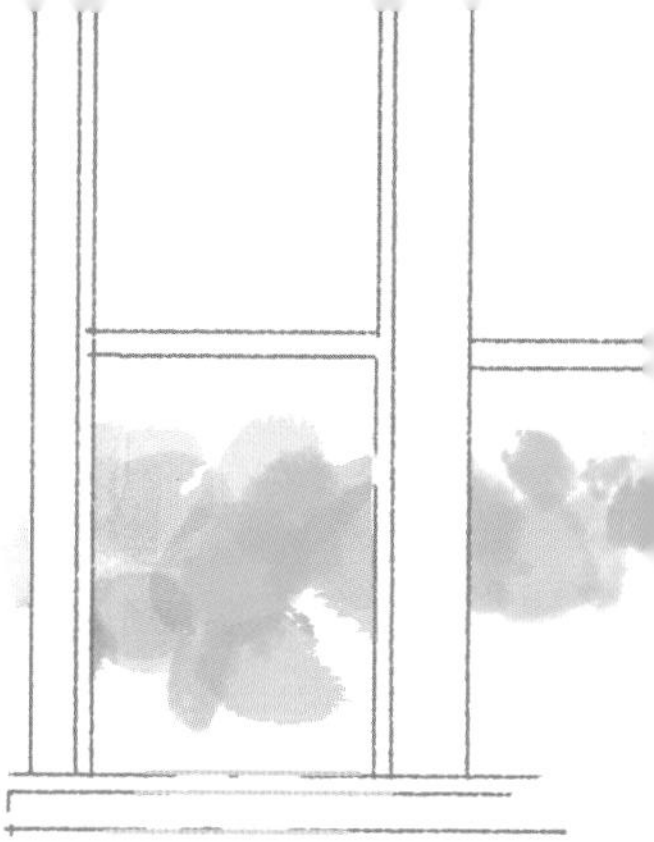

POINT

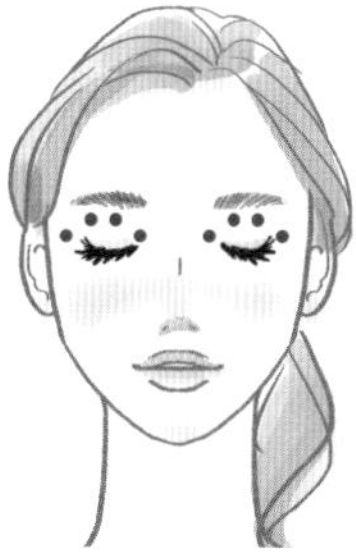

眼窩縁にそって目頭から目じりに向かって４カ所、押圧する。押圧のとき、指先がずれないよう注意する。

3秒押したら、親指を目じり側に少しずらし、また3秒押す。

3秒ずつ
4カ所

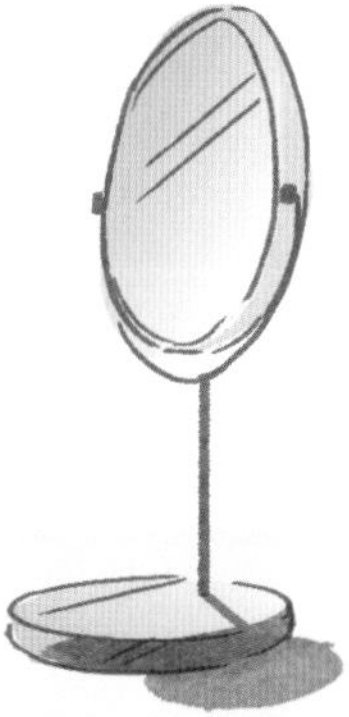

朝❸

ほうれい線解消

ほうれい線を消すにはおでこの癒着をはがし、顔全体を引き上げるのがポイント。顔の輪郭もシャープな印象になります。

STEP 1

テーブルに両肘をついてこぶしを髪の生え際に押しあてる。頭部の重さを手にかけ、頭皮を左右に動かす。

POINT
こぶしを滑らせるのではなく、頭皮ごと動かす。

左右に6回

STEP 2

テーブルに両肘をついてこぶしを生え際に押しあてる。頭部の重さを手にかけながら、生え際から眉、こめかみへとこぶしを滑らせる。

3回

POINT

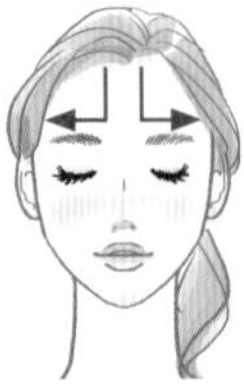

髪の生え際から眉に向かってこぶしを滑らせたら、こめかみまで横にスライドさせる。少しずつ外側に位置を変えて3回行なう。

CHECK

第二関節をしっかりと肌に密着させる。

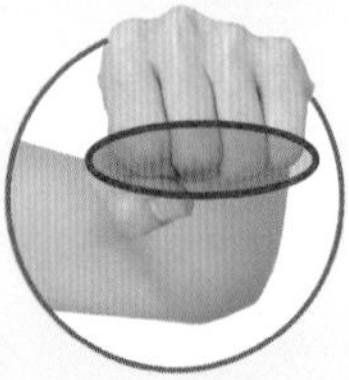

STEP 3

両手を耳の後ろまで滑らせたら、上体を起こす。両側から首を押さえるように耳の後ろから鎖骨までこぶしを滑らせる。

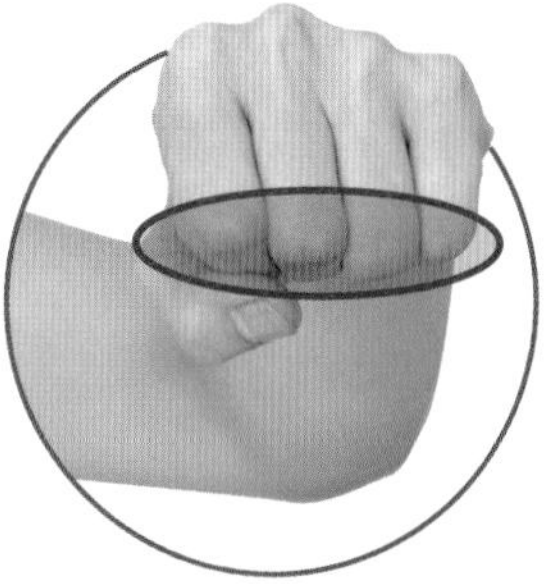

2回

CHECK

第二関節をしっかりと肌に密着させる。

朝❹ 耳まわし

耳にあるたくさんのツボを刺激して、顔全体の血流をよくし、老廃物をきちんと流して仕上げを。はがした筋肉をゆるめる整理体操です。

POINT

耳の付け根部分に人差し指があたるように、しっかりとつかむ。

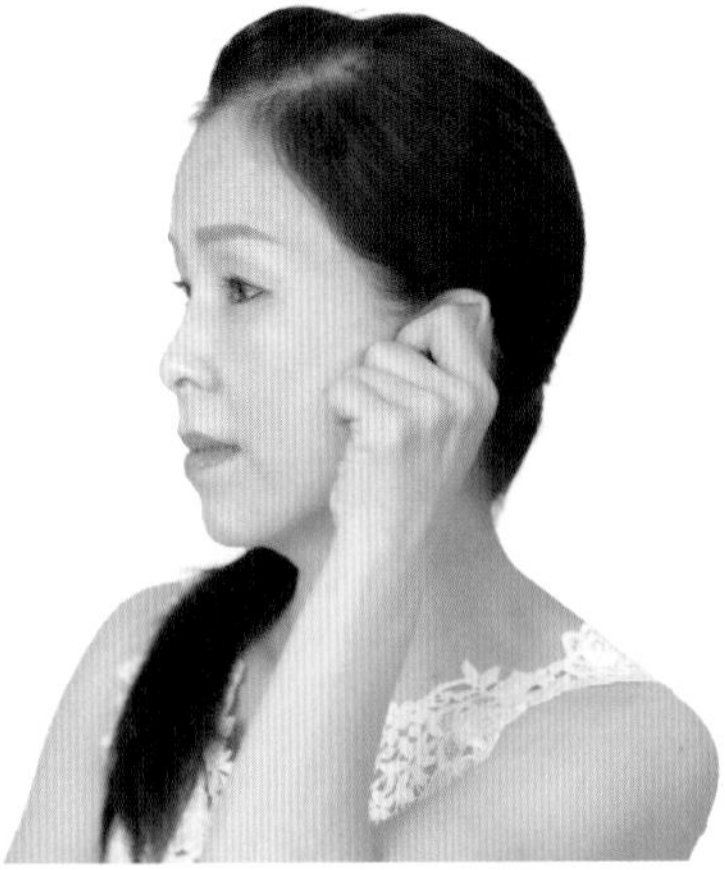

耳の裏側から親指で挟み込むように、耳全体を大きく動かす。

STEP 1

両手で耳をつかみ、耳の付け根部分から動かすように、大きくまわす。

前に5回
後ろに5回

POINT
朝だけでなく、夜の「顔筋はがし」のあとにも行ないましょう。

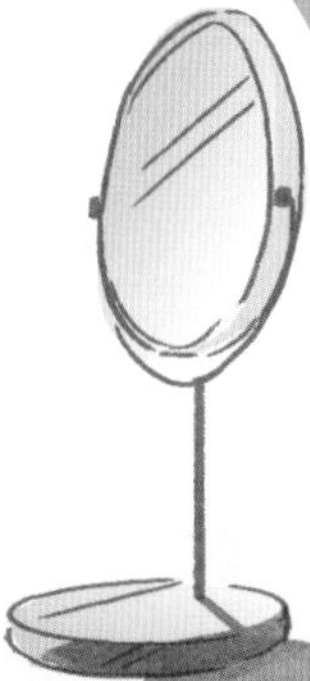

夜❶

ほうれい線・口角のたるみ解消

老け顔の原因、ほうれい線や口の両脇から下に伸びるラインを解消し、ハリのある肌に。

STEP 1

テーブルに両肘をついて小鼻の上に人差し指をあてる。頭部の重さを手にかけ、小さく円を描くようにほぐす。

10秒

POINT

鼻骨の両側にある鼻筋や上唇鼻翼挙筋、上唇挙筋をほぐす。

STEP 2

親指を口角の横あたりに押しあて、人差し指をあごの下にあてる。親指に力を入れて押さえながら外側に滑らせる。

★反対側も同様

左右10回ずつ

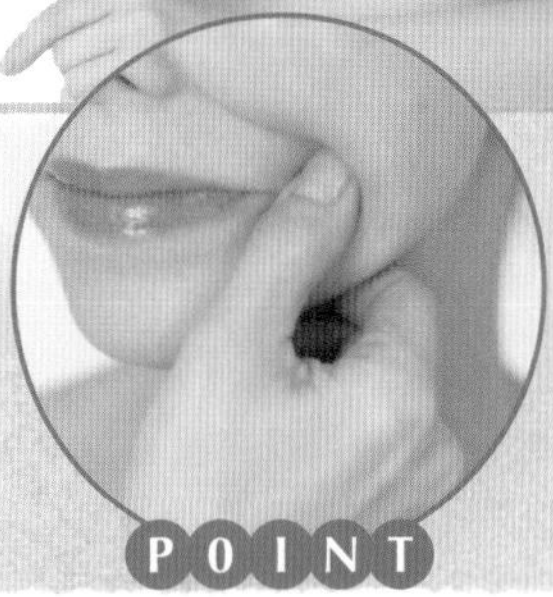

POINT

親指を滑らせたときにコリッとするところが笑筋。この筋肉をしっかりとほぐす。

STEP 3

口の中に親指を入れ、ほかの指を頬にそえる。親指で頬を押し出すようにし、4本の指でアイロンをかけるように、上から下へほぐす。

★反対側も同様

左右4回ずつ

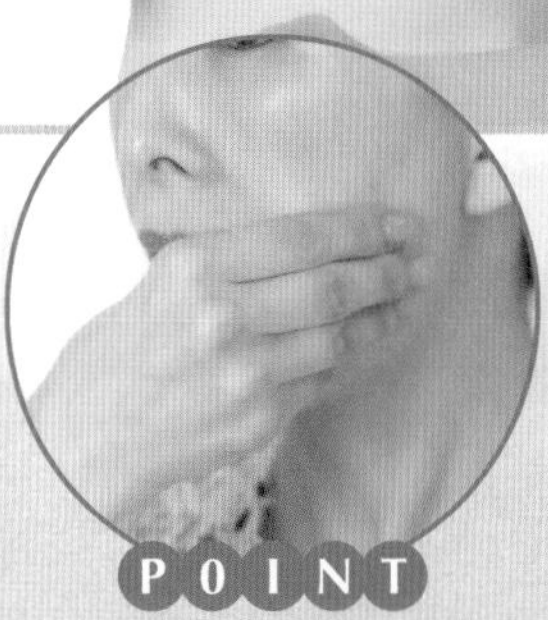

POINT

まずはほうれい線にそって、次にほうれい線の少し外側、頬骨から下へ、目の真下から下へと4回に分けて頬全体をほぐす。

STEP 4

テーブルに両肘をつき、ほうれい線の内側に手をそえる。手に頭部の重さをかけながら、耳もとまで手を滑らせる。

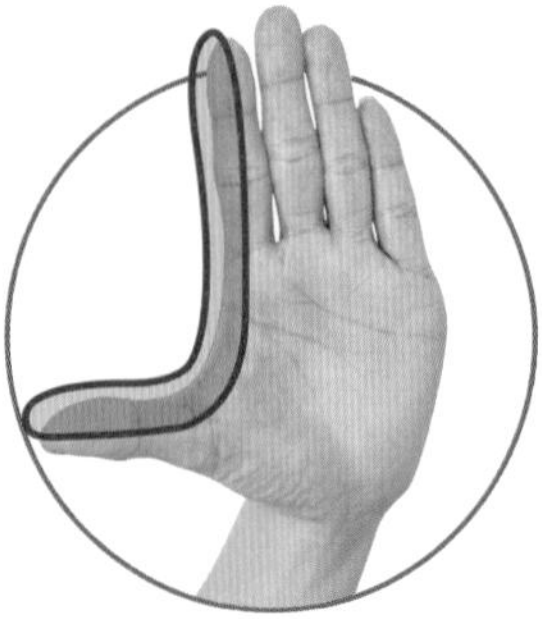

CHECK

親指から人差し指の側面をしっかりと肌に密着させる。

POINT
老廃物を鎖骨まで運ぶイメージで。
gel

STEP 5

両手を耳の後ろまで滑らせたら、上体を起こしてこぶしをつくる。両側から首を押さえるように耳の後ろから鎖骨までこぶしを滑らせる。

STEP4・5
を続けて
2回

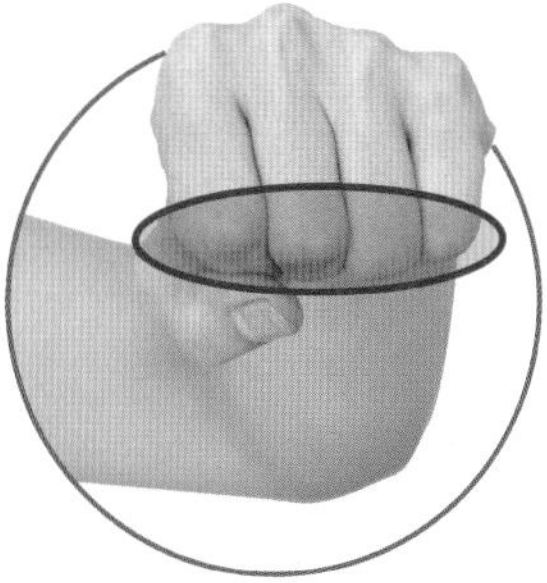

CHECK

第二関節をしっかりと肌に密着させる。

夜❷ 二重あご・たるみ解消

フェイスラインをなぞるようにしっかりと押圧していきます。二重あごやたるみを解消し、スッキリとした小顔に。

STEP 1

テーブルに両肘をついてあごの骨のくぼみに親指を押しあてる。頭部の重さを親指にかけて、ゆっくりと中央から耳へ指を滑らせる。

POINT

骨の内側にしっかりと親指をくいこませる。

CHECK

指先ではなく、指の腹でしっかりと押す。

STEP 2

両手を耳の後ろまで滑らせたら、上体を起こしてこぶしをつくる。両側から首を押さえるように耳の後ろから鎖骨までこぶしを滑らせる。

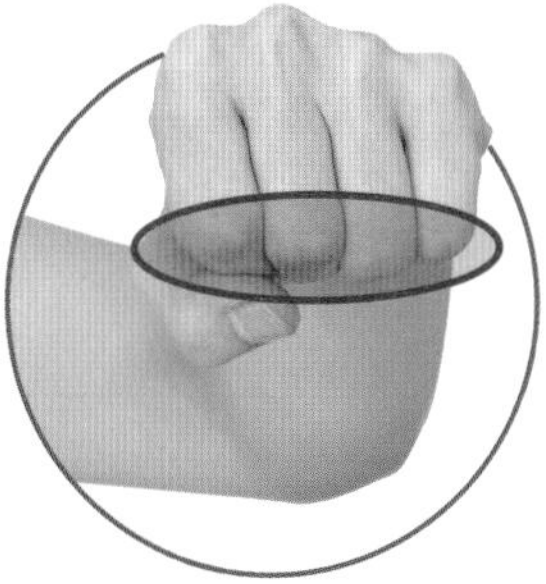

CHECK

第二関節をしっかりと肌に密着させる。

STEP1・2を続けて2回

夜③ 脳デトックス

顔の筋膜は頭とつながっています。頭の筋膜もしっかりとはがすことで、顔全体のリフトアップに。脳の血流もよくなり、頭もスッキリ。

POINT

こぶしの第二関節部分を押しあてる。頭皮を頭蓋骨からずらすイメージで。

STEP 1

テーブルに両肘をついてこぶしを髪の生え際より少し上あたりに押しあてる。頭部の重さを手にかけながら、こぶしを上下左右に動かす。

10秒

POINT

あごから耳の上までつながる側頭筋は、頬のリフトアップにはとくに重要な筋肉。

STEP 2

こぶしをずらし、頭部全体をまんべんなく(9カ所程度)同様にマッサージする。

1カ所
10秒

夜❹ 腸マッサージ

滞っていた老廃物を最終的に排出してくれるのが腸です。腸の動きが活発になると免疫力もアップ。肌荒れやくすみが改善します。

用意するもの

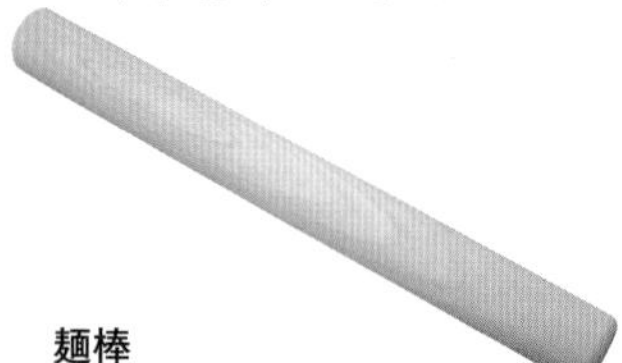

麺棒
細すぎず、太すぎない麺棒がマッサージに最適。手では届かない深部をしっかりほぐしていきます。

基本の姿勢

仰向けになって、ひざを立てる。力を抜いてリラックス。

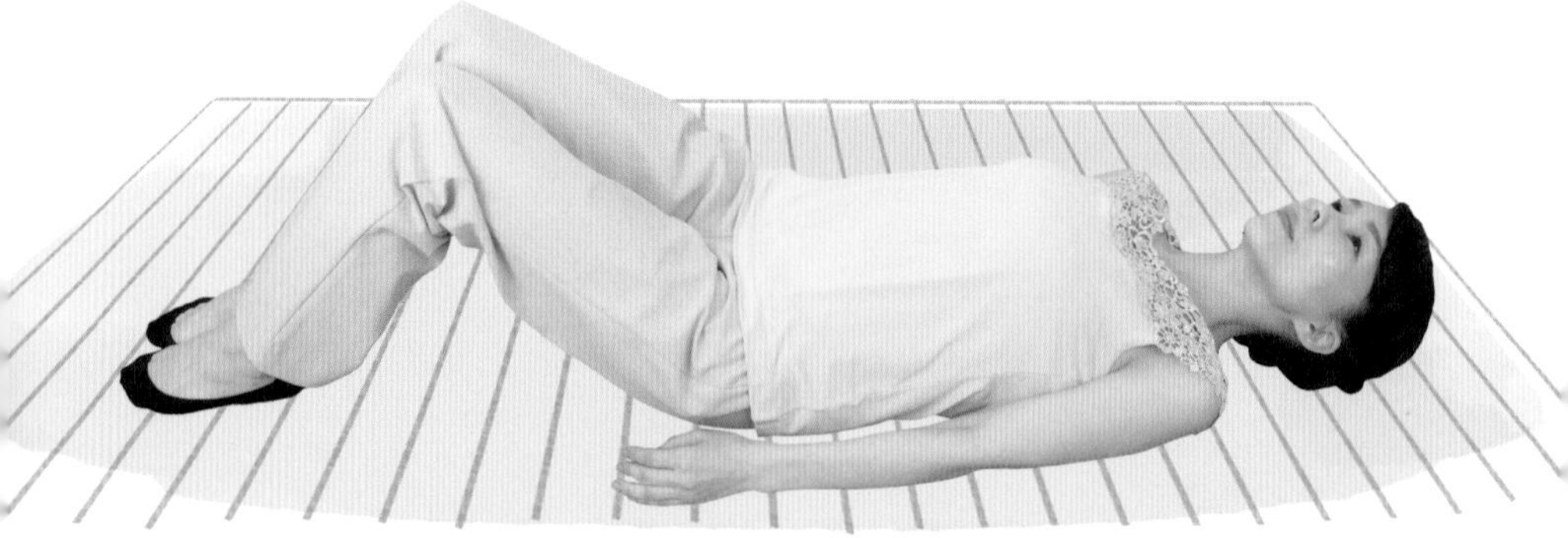

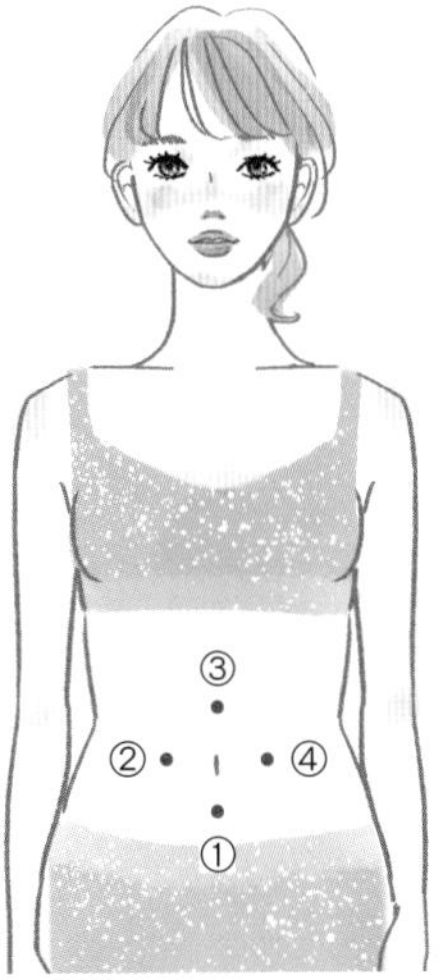

POINT
胃に近いへその上（③）はやや軽めに。

5秒ずつ
4カ所

STEP 1

両手で麺棒を持ち、へその5cm下にある「丹田《たんでん》」を押す。しっかりと押し込み、5秒数える。へその右、上、左とそれぞれへそから5cmのところを順に押していく。

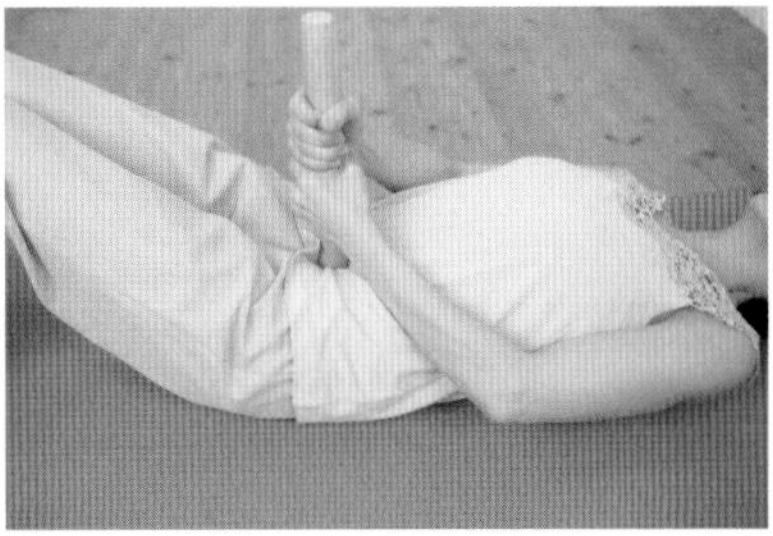

POINT
お腹の中のしこりをもみほぐすイメージで。

2~3分

STEP 2

へそのまわりをU字型にすり鉢をするように、麺棒をまわしながら、マッサージする。

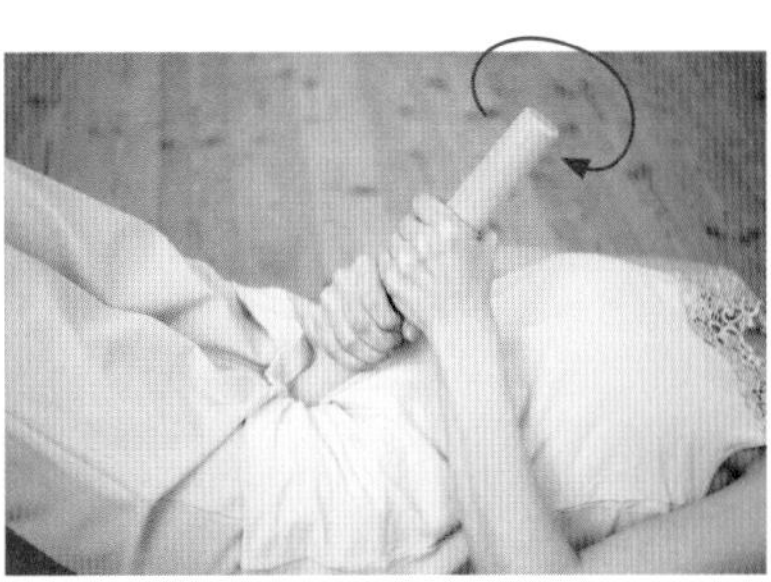

STEP 3

横向きに寝て、腸骨にそって背中側から腹側に向かって、①②③の順に両手の親指を重ねて押す。さらに③②①の順で同様に行なう。

★反対側も同様

5秒ずつ
6カ所

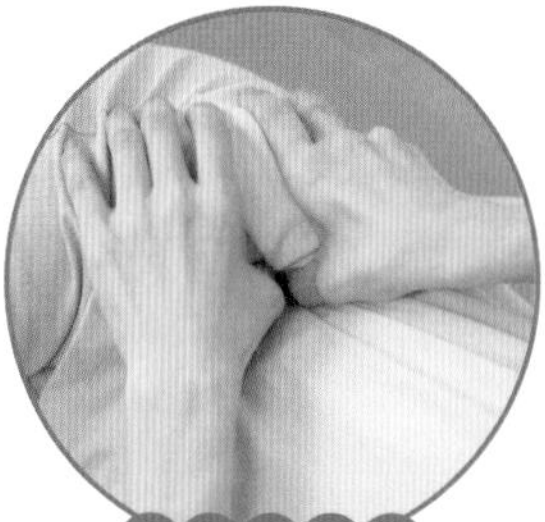

POINT

両手の親指を重ねて、しっかりと腸骨のくぼみに押し込む。

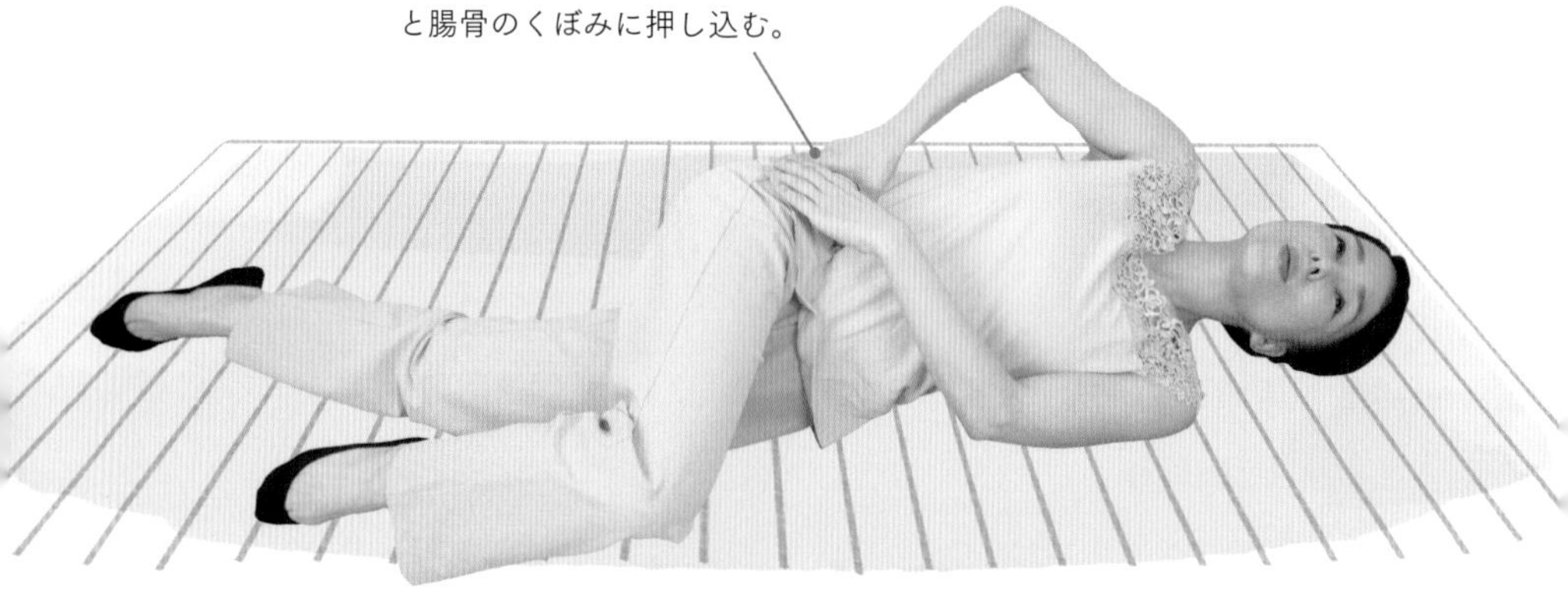

PART 3

効果を高める生活習慣

「歯磨き」レベルの習慣に！

◆「面倒くさい」を徹底リセット！

「顔筋はがし」は毎日の習慣にすることが大切。歯磨きのように、「しないと落ち着かない」と思えるくらい、生活に浸透させたいところです。

とはいえ習慣は、しっかり根付くまでは「ちょっとしたこと」で途切れてしまうもの。ですから、いかに「面倒くさい」をリセットするかがポイントです。そのコツをいくつか紹介しましょう。

①布団の中で

冬の朝に「鎖骨の開放（58ページ）」は寒くて辛い、というときは、目覚めたときに布団の中で行なってみましょう。加えて「目元のたるみ・目の疲れ解消（64

ページ）」を行なって眠気を覚ますのもよい方法。次いで、暖かい服装に着替えてからテーブルを使ってほかのケアを。

②洗顔時に
毎日の習慣になっている洗顔を、「顔筋はがし」と合体させましょう。洗顔フォームの泡をのばせば、ジェル替わりになります。

③お風呂で
石鹸も、滑りをよくする便利アイテム。鎖骨やあごまわりなどに泡をのばして念入りに。

効果を高める「マイナスケア」

◆スキンケア用品は安いものでいい！

「顔筋はがし」と並行して、現在のスキンケアを徐々に簡略化していきましょう。何種類も塗り重ねてきた習慣を逆転し、減らしていく「マイナスケア」が、「顔筋はがし」の効果をさらに高めます。

とりわけ、高額なスキンケア用品を何点も使っている方は、使用をやめることをおすすめします。

スキンケア用品は安いもののほうが、肌には優しい傾向があります。

高価なものは、天然の成分や稀少な成分があれもこれもと入っています。それらを混ぜ合わせて品質を安定させるには技術が要ります。そのため、防腐剤など、様々な添加物が加わっていることが多いのです。

安いものは配合がシンプルなので、そのリスクは比較的低めです。

とはいえ、単純に「高い＝危険」「安い＝安全」とも言い切れません。

そこでチェックすべきは、裏面の成分表示です。成分の数がやたらと多く挙げられているものは、すなわち配合が複雑だということなので、要注意。

また、こんな成分が入っていれば避けたほうがベター。

・ラウリル硫酸ナトリウム
・ジメチコン
・ステアリン酸グリセリル
・ＢＨＡ（ブチルヒドロキシアニソール）
・香料

これらが経皮吸収されると、肌の回復力や免疫力が下がる恐れがあるので注意しましょう。

「いつもの洗顔」を見直してみよう

◆乾燥の原因はダブル洗顔にあり⁉

乾燥肌に悩む方は数多くいますが、その原因に気づいている人は意外に少数派。たいていは「体質のせい」と決め込んで、スキンケア用品でフォローしようとしているのではないでしょうか。

それがよい対策ではないことは、もうおわかりですね。

ではどうすればよいかというと、乾燥の主要な原因である「洗顔」を見直すことが得策です。

毎日の洗顔後に、肌が「つっぱる」感覚を覚えているなら、それは皮脂の落としすぎです。

刺激の強いクレンジング剤を塗り、さらに洗顔フォームで洗い落とす「ダブル洗顔」をしていませんか？　これが皮脂を過剰に落とし、乾燥を招いているのです。洗顔後にオイルやクリームを塗って保湿したつもりでも、それは「しいたけの法則（18ページ）」で述べた通り、表面をヌルヌルさせているだけ。肌の水分は奪われたままです。

思い当たる人は、肌に優しい洗顔に切り替えましょう。

クレンジング剤は、皮脂を落としすぎるオイルクレンジングはやめて、ジェルクレンジングやウォータークレンジングに。

さらに、メイク用品も見直しましょう。

ダブル洗顔をせずにすむような、落としやすいアイテムに切り替えるのがベター。

「お湯で落とせるマスカラ」など、肌に優しいものを選んでください。

なお、「顔筋はがし」をしているうちに、ファンデーションなどのベースメイクアイテムは「使う必要ないかも？」という気に自然となるものです。

普段のメイクが薄くなってきたら、洗顔フォームも洗浄力の強すぎない、優しいものを選ぶようにしましょう。

肌は甘やかすより、自立させるべし

◆その「保湿ケア」が逆効果を招いている!

スキンケア用品はできるだけ少なくしよう、と呼びかけていると、「でも、保湿は必要でしょう?」とよく聞かれます。

それは確かにその通り。肌に水分を与えることは、「乾燥→シミ・シワ」という流れを防ぐのに非常に有効です。私も、みずから開発した天然素材のローションを常備し、折に触れて肌にうるおいを持たせています。

しかし保湿のつもりで、乳液やクリームを塗っているとしたら、それは逆効果です。

世の中には「保湿クリーム」と銘打った製品が数多くありますね。アイクリームやナイトクリーム、シミ用のピンポイントのクリームなど。

これらのクリームには、大量の油分が含まれています。ご存知「しいたけの法則」に従って、ヌルヌル感としっとり感を勘違いさせてしまうアイテムなのです。

油分で肌をコーティングしてしまうと、皮膚呼吸が妨げられます。本来自然に出てくるはずの皮脂が出ず、発汗する力も失われます。

皮脂と汗が混ざってできる皮脂膜こそが、人間の肌に合う天然のクリーム。それ以外の人工のクリームは余計です。

保湿のために使うのは、油分の入っていない化粧水や美容液などだけにしましょう。

すると、肌はみずから「皮脂膜をつくろう」とするようになります。自力でうるおい成分をつくる肌へと「育つ」のです。

肌によくないのは、外から塗りたくる「甘やかし」。

過保護で肌をダメにするより、みずからキレイになれる「自立した肌」になる環境を整えましょう。

よい睡眠がターンオーバーを促す

◆セロトニンを出す「腸マッサージ」を日課に!

前章で紹介した夜の「顔筋はがし」は、睡眠中の肌のターンオーバーを促進します。睡眠中は「成長ホルモン」という物質が分泌され、細胞が新しくつくられて、傷ついた体内組織を修復しています。

この作用を促すには、よい眠りが不可欠。睡眠時間を十分に確保するだけでなく、睡眠の「質」をよくすることも大事です。

ここで役立つのが、「腸マッサージ(78ページ)」です。

腸マッサージは、腸の「硬結《こうけつ》」をほぐすケアです。腸には無数の毛細血管が走っているのですが、血流が鈍ると硬い石のようにこわばってしまうのです。

結果、冷えが起こります。すると異変を感じた体は、お腹まわりに脂肪を溜め込んで体内を保温しようとします。年齢を重ねるにつれ、お腹まわりに「土星の輪」のようなお肉がついていくのはそのせいです。

腸マッサージで硬結をほぐせば、お腹の中がポカポカと温まります。それは脂肪をスッキリ取るだけでなく、睡眠にもよい作用を及ぼします。

冬場など、つま先や指先が冷えて眠れないことがよくありますね。腸マッサージでお腹から全身まで温まれば、自然に眠気が訪れます。

もう一つ、セロトニンの分泌が促されるのも利点です。

セロトニンは、ドーパミンやオキシトシンと並ぶ「幸せホルモン」の一つ。ストレス軽減・リラックス・プラス思考を促す物質です。

メンタルが安定しないと眠りにつけず、眠っても浅い睡眠になりがちです。セロトニンが分泌されていれば、少々のストレスがあっても「眠いから寝よう！」と思えて、ぐっすり眠れます。

腸マッサージは一見面倒に思えますが、やってみるととても簡単。全工程を行なわなくても、1分間でもかまいません。必ず毎日行なうようにしましょう。

スマホに「使用制限」をかけよう

◆「ブルーライト」は目だけでなく肌にも悪い

近年、スマートフォンを一瞬たりとも手放せない人があふれていますね。

しかしこの便利アイテムは、肌の大敵でもあります。

眠る前にスマホを見ると睡眠の質が落ちる、と聞いたことはありませんか？　スマホの画面から発される「ブルーライト」は、可視光線の中でもエネルギーが強く、目の奥まで入り込みます。これが覚醒を促し、寝つきを悪くし、眠りも浅くしてしまうのです。するとターンオーバーが鈍り、肌にも悪影響を与えます。

これが間接的な悪影響ですが、直接的な弊害もあります。

ブルーライトは、「目に悪い」だけではありません。

実は、肌にもダメージを及ぼすことが近年わかっています。シミやシワの増加と、ブルーライトを浴びる時間との間に、相関関係が見られるのです。

スマホを見る「姿勢」も肌のリスク要因です。

うつむき加減で、猫背になって、小さい画面をのぞき込む姿勢を長くとればとるほど、皮膚が「垂れ下がる」時間が増えます。

つまり、スマホはたるみの原因になるのです。

小さい画面に視線を集中させるため、眼球を動かさなくなるのも困りもの。目のまわりの筋肉が凝り固まり、癒着が進んでしまいます。

ですから、スマホを使う時間はできるだけ少なめに。必要な情報を調べるときはともかく、ダラダラ見続けるのはやめましょう。

わかっていてもやってしまう、という方は、「1日に○時間」「○〜○時まで」という風に、スマホを触る時間に制限を設けてみてはどうでしょうか。

そのぶん、できた時間で別のことを楽しみましょう。

運動や、買い物や、友達とのおしゃべり……はたまた、「顔筋はがし」に割り当てるのもよいかもしれませんね。

よいものを摂るより、悪いものを出す

◆「食」に神経質になり出したらキリがない！

「肌によい食べ物を教えてください！」

「スナックや揚げ物やお菓子は控えたほうがいいですか？」

「美肌を保つために、食生活で心がけていることは何ですか？」

という質問を、よくされます。

そんなとき、いつも私は「とくに何もないですよ〜」と、質問者を拍子抜けさせてしまう答えを返さざるを得ません。

よいものだから積極的に食べよう、悪いものだから控えよう、といったルールは、私の食生活にはありません。

これには理由があります。

「入れ方」に気を使うより、「出し方」に専念したほうがいい、と考えているからです。

入れ方＝何を食べるか・食べないかは、考え出すとキリがありません。

というのも、日本は世界一の添加物大国だからです。

スーパーやコンビニで売られているありとあらゆる食品には、防腐剤がたっぷり入っています。ジャンクフードの国と言われるアメリカでさえ、添加物の量は日本の3分の1。イギリスに至っては26分の1です。

「日本の食べ物はおいしい」と各国から賞賛される一方で、意外な欠点があるのです。

生活に深く入り込んでいる添加物を、いちいちチェックして選別するのは事実上不可能。神経質になりすぎると、食事の楽しみも半減です。

ならば、「自由に食べて、すぐに出す」のがよい解決策。

鎖骨まわりの癒着をはがし、腸を刺激し、毒素を流して排泄できる体をつくればいいのです。

入れまいとするより、出すスキルを上げましょう。

白湯をこまめに飲もう

◆老廃物を排出した体の隅々にうるおいを

「顔筋はがし」をすると、トイレの回数が増えます。

腎臓へ老廃物がたっぷり送られ、体外に出そうとするからです。

その手伝いをしてくれるのが白湯《さゆ》です。

白湯は胃腸を温めてくれる！

血液をサラサラにしてくれる！

血液がサラサラになれば酸素をいっぱい運んでくれる！

「顔筋はがし」で癒着をはがし、滞留していた老廃物が動ける状態にします。そこへ白湯を飲んで血流をよくし、老廃物も一緒に流していきます。トイレの回数が増え、しっかりと老廃物を排出します。

体に滞留していた老廃物が減れば、腎臓や肝臓も元気になり、新陳代謝が促されます。

しっかりと白湯を飲むことで体内のデトックスになるのです。

私は1日の間に何度も、白湯を飲むようにしています。お茶やコーヒーも好きですが、一番よく飲むのは白湯です。

白湯は、体がもっとも水分を素早く吸収できる飲み物だからです。

水を沸騰させると、水の分子が細分化します。細胞膜を通り抜けるくらい小さな分子となり、一つひとつの細胞がうるおいます。

毛細血管にも届くので、末端の冷えを解消するのにも最適。

朝一番に飲むと腸が動いて、お通じがよくなるのもメリットです。

筋肉を鍛えて若返る簡単習慣

◆スクワットで足腰を強化しよう

筋肉をつけること・動かすことは、若返りの基本です。

私はスポーツをしませんが、1日の運動量は多い方です。お客様の顔や体に施術するのは、強度の高い全身運動だからです。

運動習慣のない方も、筋肉量を増やすことを心がけましょう。それには、下半身を強めるのが近道。太ももの大腿四頭筋《だいたいしとうきん》やお尻の大臀筋《だいでんきん》など、体の中でもとりわけ大きな筋肉を鍛えると、高齢期の「ロコモティブシンドローム（運動器症候群）」も予防できます。

おすすめは、「スクワット」。お尻を後ろに突き出して腰を落とす→立ち上がる、を3～5回ほど繰り返し、健康な足腰を維持しましょう。

1

両足を肩幅に開いて立つ

2

体を前傾させ、お尻を後ろに突き出す（足腰が弱っている場合はテーブルに手をついてもOK）

3

太ももが床と平行になるまで腰を落としきったあと、再び立ち上がる

Q&A

Q1 生活が不規則で、朝と夜にできないのですが……

A1 問題ありません。自分の一番快適なタイミングで行ないましょう。

「朝と夜」は、標準的な1日の送り方をしている人が一番やりやすいタイミングに合わせたもの。時間がまちまちでも、「出かける前に朝コース」「入浴時や就寝前に夜コース」という風に行なえばOKです。昼間や夕方に行なうもよし、思い立ったときに1種類だけ行なうもよし。外出先でもできるように、ローションやジェルを小さなボトルに入れて携帯するのもおすすめです。

Q2

効果が出ない人はいますか?

A2

基本的にはいません。例外は鎖骨が開いていないケースです。

自分で「顔筋はがし」をする方の中には、ごくたまに「変化が見られないんですが……」という方がいます。そうした方は必ず、鎖骨の開放がきちんとできていません。顔の筋膜ばかり熱心にはがして、鎖骨がお留守になっているのです。これでは、せっかく流した老廃物も、顔の皮膚の下でグルグルまわるだけになります。顔の前に、必ず鎖骨を開きましょう。そうすれば、老廃物を尿として排泄することができます。

Q3

短時間でできるのは嬉しいけれど、これだけで効くのか心配です。

A3

習慣化すればするほど、短時間でも効果あり！

短いものなら数分、しっかりやっても10分くらいと、「顔筋はがし」は手軽にできるのが特徴。大事なのは、時間をかけることよりも「毎日、1〜2分でもいいから必ず行なう」ことです。すると老廃物が流れる体が整い、効果がしっかり出ます。

もっとも、最初のうちはしつこい癒着をはがすのに少々時間がかかるかもしれません。でも慣れてくれば指をぐっと深く入れてさっと流せるようになり、ますます短時間でできるようになりますよ。

Q4

翌日、かえって顔がむくんだ気がするのですが……

A4

徐々に慣らしていけば解消します。

もともとむくみやすい体質の方に見られる現象です。一般的な方に比べて老廃物の排出がスムーズにいかないため、ごく初期は、逆にむくんでしまうのです。

でも心配無用。最低1日は肌を休ませて、むくみが引いたらまた行ないましょう。徐々に慣らしていけば、やがて効果が出て顔もスッキリ。継続していくうちに、むくみやすい体質自体も改善できます。

Q5

日焼け止めを塗らないのは、やっぱり怖いのですが……

A5

肌に負担の少ないものを使いましょう。

お気持ち、わかります。長年日焼け止めを使ってきた方には勇気が要るでしょう。夏場ならなおさら、スッピン肌なんてとんでもない！　と思ってしまいますよね。

とはいえ、日焼け止めに入っている成分はかなりの高刺激。紫外線を遮断するための成分は、肌に強い負担がかかります。

ですから、つけるなら「ＳＰＦ20」以下のものにしましょう。

Q6

翌日、筋肉痛が出たのですが大丈夫でしょうか？

A6

自然な現象なので、心配ご無用！

体の運動と同じで、「顔筋はがし」をしっかり行なうと、最初の頃は筋肉痛になることがあります。しかしこれは自然な現象なので、心配は要りません。あまりに痛ければ力を弱めにして、痛みが治まったらまた力を強めて……、という風に力加減を変えながら継続しましょう。

痛いのは最初だけです。そのうち、強く行なっても筋肉痛は起こらなくなりますから、それまで頑張って！

Q7

痛くなくなってきたら、今度は「効いているかな?」と心配です。

A7

自己回復力が戻ってきた証拠。その調子で続けましょう。

最初に感じていた痛みは、筋膜がほぐれてくると感じなくなります。痛くなくなったからといって、効いていないということではありません。むしろそれは、肌の自己回復力が戻ってきた、喜ばしい兆候です。

ただし、ここでやめてしまうと、すぐにまた癒着は起こります。数日に1回のペースに落として、ずっと続けていきましょう。

Q8

指の滑りをよくするジェルは、オイルやクリームを代用してもいいですか？

A8

オイルはＮＧ。クリームは使用後に洗い流して。

オイルは使ってはいけません。皮膚呼吸を妨げてしまいますし、肌の上で酸化して、くすみなどの原因になることもあります。一方、クリームは代用可能です。ただし、「顔筋はがし」が終わったら、油分が残らないよう洗い流し、そのあとは化粧水などで肌を整えておく必要があります。とすると……少々手間がかかりますね。やはり、ジェルかとろみのあるローションを使うのがベストと言えそうです。

COLUMN

ダイエットも、体質改善も！「全身の筋膜はがし」

この本では「顔筋」に焦点をあてていますが、実は筋膜の癒着は、体のあちこちで起こっています。

私が運営しているサロン「美faceジム®」では、顔だけでなく、全身の「筋膜はがし」も行なっています。最大のメリットは、ボディラインが整うこと。お腹や背中、二の腕についたお肉が取れます。痩せづらいと言われている足も、ひざや股関節に溜まった老廃物を押し流すことでスリムに。足が軽くなって、運動しやすくなります。

ここで紹介した「腸マッサージ」ももちろん、大事なボディケア。全身の筋膜はがしと組み合わせると、体全体の血行が改善し、体温が高くなります。かつて35度台だった私の体温も、今は36・6〜7度までアップしました。

ほかにも、肩凝りや腰痛が軽減したり、自律神経が整ったりと様々な効用あり。筋膜はがしの可能性は、「美肌」の外側にも大きく広がっているのです。

◇おわりに

「顔筋はがし」のメソッド、いかがでしたか？

「筋膜の癒着をはがす」という、これまで出合ったことのない方法に驚かれた方も多いと思います。

この方法を実践されたら、皆さんはもう一度、驚かれるはずです。

「キレイって、こんなに簡単だったんだ！」と。

世の中には、肌の悩みを抱えて、一生懸命「塗り重ねるケア」をされている方がたくさんいます。化粧品から化粧品へ、「あれでもない、これでもない」とさまよい続けていいます。

サロンにいらっしゃる方の多くも、そうした方々です。

そして、一様におっしゃいます。

「何をしてももう無駄、と思っていたけれど、こんなに簡単に変われるなんて！」と。塗るものを減らす、そして動かす。それが一番手っ取り早く、肌で変化を感じられる方法なのです。


「スキンケアの迷子」になっている方、もうその旅は終わりです。

健康美あふれる素顔で、ぜひ新しい毎日を謳歌《おうか》してください。

いくつになっても若々しい笑顔で生きる女性が一人でも増えることを、心から願ってやみません。

那賀洋子

本文イラスト　もと潤子
モデル　那賀洋子
撮影　長尾吾郎（トリ56）
ヘアメイク　神本チヒロ（Grace Lita）
編集協力　林 加愛
衣装協力　株式会社ワコール
装幀デザイン　岡西幸平（カンカク）
組版・本文デザイン　朝日メディアインターナショナル

〈著者紹介〉
那賀洋子（なか・ようこ）
筋膜美容協会理事長、（株）プラーナ取締役社長
大分県出身。肌の自己回復力を取り戻す「顔筋ひっぺがし」メソッドを独自に開発、実践。みるみる肌がきれいになることを実感し、メソッドを伝えるために2009年、大分にサロンを開業。現在、大分と東京にサロンを開設。「真の美と健康」を伝えるため、各地での講演会をはじめ、テレビや雑誌などで活躍。著書に『マイナス15歳肌をつくる顔筋ひっぺがしメソッド』（あさ出版）がある。

美faceジム® http://bi-facegym.com/
那賀洋子オフィシャルサイト http://youkoproject.com/

朝・夜３分「顔筋はがし」で
シミ・毛穴・ほうれい線は消せる！

2020年６月11日　第１版第１刷発行

著　者　那　賀　洋　子
発行者　櫛　原　吉　男
発行所　株式会社ＰＨＰ研究所
京都本部　〒601-8411　京都市南区西九条北ノ内町11
教育出版部　☎075-681-8732（編集）
家庭教育普及部　☎075-681-8554（販売）
東京本部　〒135-8137　江東区豊洲5-6-52
普及部　☎03-3520-9630（販売）
PHP INTERFACE　https://www.php.co.jp/
印刷所　図書印刷株式会社
製本所　株式会社大進堂

ISBN978-4-569-84540-1